108張圖學會
K線分析賺當沖

補教老師公開 3 年賺一億的實戰日記！

《暢銷限定版》

世界一わかりやすい！株価チャート実践帳 デイトレード編

相良文昭◎著　賴惠鈴◎譯

Contents

前言　我用K線做當沖，3年飆賺1億超輕鬆 **010**
　　　了解自己的投資性格，是累積資產的開始 **011**
　　　抱著不放、做長線就賠，為什麼？ **012**
　　　找對方法，大盤在跌我照樣持續獲利 **013**

PART 1 搞懂基礎知識，不賠！

當沖有2大優點　新手立刻上手
手上沒持股，每天都能回顧當日交易缺失 **016**
事前準備妥當，上班族也能兼差做當沖 **017**

看懂股價每日波動，再出手
先有概念，掌握股票交易實際流程 **018**
做短線得注意，心理走勢或生理現象會連動 **019**

券商手續費很重要，不虧！
券商不是大就好，配合自身條件才最好 **020**

設定買賣的2個條件，放心！
用限價單指定價格，以市價單迅速成交 **022**

你的投資性格，決定你的交易方式
你習慣股票漲了才買，還是跌了才買？ **024**
用資金槓桿做信用交易，擴大3倍獲利 **024**
不是每檔個股都能賣空，交易前得看資券比 **025**

漲勢漂亮卻沒量,別買!
只要沒有選錯股,任何情況都能救 026
事先確認大盤走勢,以免見樹不見林 026
口袋名單哪裡找?就看個股排行榜 028
午休時做點功課,就是確認券商交易排行榜 028
瀏覽當日頭條,10分鐘看完一天理財新聞 030

善用券商看盤軟體,省錢方便
輸入口袋名單個股,讓電腦幫你監控股價 032
買賣前先看新聞,比較消息和股價的落差 033
別忘了!美金匯率會影響外資和出口業 034

當沖交易的精髓:情報戰
不必挖掘秘密,而是搶先掌握人盡皆知的消息 036
報紙不可盡信,得判斷消息對股價的影響 036
　專欄1　3個關鍵字,讓你賣空運用得淋漓盡致 038

PART 2
讀懂K線圖,勝率高!

線圖基礎1:看懂K棒與成交量
線圖有分「時間」,當沖得看日線與5分線 042
成交量表示搶手程度,個股無量很難當沖 042
一根K棒代表4個價位,是交易基本關鍵 043

線圖基礎 2：觀察移動平均線
用 5 日均線判斷短期波動，25 日均線觀察長期趨勢 **045**

線圖基礎 3：判讀5分線圖
5 分線圖也要看均線，5 根及 25 根均線最關鍵 **050**

盤勢基礎 1：了解盤勢的構成
買賣雙方的即時報價，就是「盤勢」................**054**
即時股價變動，來自買賣盤的交鋒結果 **055**
想像盤的另一邊，推測買賣方的力度 **056**

盤勢基礎 2：注意特殊行情
別被即時盤勢迷惑，線圖訊號才是重點 **057**
買賣盤不一定是真的，小心盤勢的陷阱 **058**
事先擬定作戰策略，才能不受假買賣單動搖 **058**

盤勢基礎 3：最小升降單位與漲停跌停
交易前要注意，不同個股的最小升降單位是什麼 **062**
賺錢有 3 大重點：獲利、損失與勝率 **062**
個股漲跌幅都一樣，但漲跌金額大不同 **064**

專欄 2　大盤指數與期貨指數的連動關係 **066**

PART 3

分析新聞資料，看穿玄機！

新聞資料 1：財報結算的基本常識
解讀消息造成的影響，就能正確預測股價 **070**

最常出現的消息，來自財報與業績預測 070
不熟的個股要看財報，別冒進以免踩雷 071
口袋名單的財報公開日，務必事先查清楚 072
除非你是箇中高手，否則別只看數字就進場 074

新聞資料 2：賺錢與否及業績預測
別只看盈虧，現實與預測的落差更重要 075

新聞資料 3：券商評等
調降評等後股價不跌，券商可能偷偷買 078

新聞資料 4：影響供需平衡的因素
執行庫藏股，漲？現金增資，跌？得看…… 080

新聞資料 5：市場心理的蝴蝶效應
別懷疑！股價與現實也會背道而馳 083

技術分析 1：「上漲」的訊號
訊號不會單獨存在，配合市場面做判斷才保險 085
看準 8 個上漲訊號，順勢操作準備進場 085

技術分析 2：「下跌」的訊號
揪出 5 個下跌訊號，再放空單 091

技術分析 3：「反轉」的訊號
判讀 7 個反轉訊號，買在低點 094

當日策略1：「買進」的時機
這 5 個訊號一出現，就是做多進場時間點 099

當日策略 2：「放空」的時機
不妙的 4 個訊號，可以放心做空 102

當日策略3：「退場」的時機
設定停利與停損，以漲跌幅及壓力線為基準 104
設定見好就收的撤退條件，降低交易風險 105
專欄3　攤平不是禁忌，有紀律執行就可以 106

PART 4
用36個線圖日記，傳你絕技！

把握哪4個重點，就能判讀當沖買賣關鍵 110
Q01-02：股價能否跨過 25 日均線，看哪個訊號？ 112
Q03-04：股價跨過 25 日均線，有沒有續漲動能？ 114
Q05-06：橫向盤整後，怎麼判斷會上漲還是下跌？ 116
Q07-08：破底或兩階段上漲後，線圖會怎麼動？ 118
Q09-10：填補缺口或趨勢反轉後，線圖會怎麼動？ 120
Q11-12：出現利多後馬上向上跳空，該如何進攻？ 122
Q13-14：出現利多後卻向下跳空，該如何處理？ 124
Q15-16：公布業績及評等變動，隔天線圖怎麼預測？ 126
Q17-18：企業上修業績預測，隔天線圖怎麼預測？ 128
Q19-20：企業下修業績預測，隔天線圖怎麼預測？ 130
Q21-22：利多或利空出盡時，線圖會怎麼動？ 132
Q23-24：個股公司宣布現金增資，線圖會怎麼動？ 134
Q25-26：有 TOB 題材的個股，該如何進攻？ 136
Q27-28：同業的利多、利空題材，該怎麼利用？ 138

Q29-30：個股漲停或跌停時，該怎樣攻守？ **140**
Q31-32：單向上漲或下跌時，該如何買賣？ **142**
Q33-34：資金隨市場趨勢集中特定個股，該如何操作？ **144**
Q35-36：碰到特殊股價波動，要怎麼應對？ **146**
專欄4　期貨選擇權結算日，股價波動會特別劇烈 **148**

PART 5

不被市場洗出場，關鍵在紀律！

想要持續獲利只有一條路：自律
練好交易必備心法，才是獲利不二法門 **152**
務必設定3大紀律：進場、退場及時間 **152**
紀律可以改變，但得在當天交易完成後 **154**

每天撥出自省時間，讓交易手法成長
利用當沖「可當日結算」的特色，每天回顧當日交易 **155**

要做當沖，絕對不可忽視風險控管
事先設定可承受的最大損失，才能將風險最小化 **158**
交易時最大的敵人，是無法徹底自我管理 **159**
一廂情願或滿心期待，是操作買賣的最大陷阱 **159**

運氣由心而生，先自助才會有天助
交易是資產運用的一環，也是避免缺錢的手段 **160**

保有穩定正職收入，用兼差時間來做當沖最好！ ... **160**
心靈踏實與獲利，是正向的良性循環 ... **161**
專欄5　選用提升交易獲利機率的工具 ... **163**

PART 6

線圖與消息一起研判，穩賺！

A01：股價跨過25日均線，請先等買點出現 ... **166**
A02：股價沒過25日均線，最好先靜觀其變 ... **168**
A03：底部扎實有動能，可以期待買點顯露 ... **170**
A04：橫向盤整不夠久，動能太少就再稍等 ... **172**
A05：股價有可能破底，不如準備信用交易放空 ... **174**
A06：個股動能充足，才有可能兩階段上漲 ... **176**
A07：波動疲弱不用擔心，利空出盡就是進場時機 ... **178**
A08：股價一直漲，要小心是否已利多出盡 ... **180**
A09：個股賣壓重也別輕忽，滿足反彈條件可買進 ... **182**
A10：如果爆出利空條件，放空比做多更保險 ... **184**
A11：開盤就是最高點，可能是漲過頭的跡象 ... **186**
A12：股價續漲沒跟到，在回檔時買進也能賺 ... **188**
A13：利多消息支撐股價，也得留意美國股市的影響 ... **190**
A14：開盤跳空開低的股票，撤退時要更乾淨俐落 ... **192**
A15：市場訊息過於複雜時，以不變應萬變是上策 ... **194**
A16：看利多買進別心急，消息發酵需要時間 ... **196**

A17：有上漲動能卻出現賣壓，等跳空缺口回補後再進場 **198**

A18：突破盤整價格壓力區，股價有機會被推升 **200**

A19：股價下方有支撐，就是利空消息的安全氣囊 **202**

A20：股價向下跳空卻開高，最好不要進場 **204**

A21：股價跌破橫向盤整價格，可能在 5 日均線反彈 **206**

A22：股價突破橫向盤整價格，也得有買氣才跟進 **208**

A23：現金增資將大幅稀釋股權，通常是利空消息 **210**

A24：仔細判讀增資理由，資金用於積極投資是利多 **212**

A25：收購政策若造成資金困難，是利空而非利多 **214**

A26：個股被大公司公開收購，通常皆是利多消息 **216**

A27：利多帶動股價向上跳空開高，也要當心蟄伏的賣單 **218**

A28：同業財報有捷報，可以期待股價會跟著漲 **220**

A29：漲停沒突破前高又鎖不住，可以放空賺一筆 **222**

A30：開在前日的跌停價，也要先觀察再出手放空 **224**

A31：股價兩階段下跌，反彈回先前地板價就是買點 **226**

A32：高檔跳空開高可放空，股價回檔又盤整時該回補 **228**

A33：股價向上跳空又續漲，買點在回檔後的反彈 **230**

A34：個股適逢題材發酵上漲，股價突破盤整就能買 **232**

A35：有利空消息股價卻暴衝，隔日若開高可以放空 **234**

A36：碰上嚴重的利空消息，就放膽放空不必擔心 **236**

後記　歡迎你跨入當沖的獲利世界 **238**

前言

我用 K 線做當沖，
3 年飆賺 1 億超輕鬆

　　我是個投資人，同時以「投資『人與企業』」為座右銘，在補習班當老師。一提到補習班老師的工作，很容易讓人以為是「不穩定」、「傍晚以後才上班」及「薪水少得可憐」這種薪資條件差的工作。

　　不過，我認為當補習班老師是我的天職，很喜歡現在的工作。當然，我是因為喜歡才從事這份工作，尤其是可以近距離看著學生成長的模樣，覺得非常有成就感。而且，我認為可以不用考慮薪資問題，從事自己喜歡的工作，是一件非常奢侈的事。

　　我之所以能過著這麼無憂且充實的時光，無疑是拜投資股票所賜。大學畢業後，我開始從事交易，在股票市場闖盪的歲月，一直受到幸運女神的眷顧。我畢業時，只有 66 萬日圓（以下簡稱圓）的可運用資金，6 個月後變成 200 萬圓，隔年成長為 2000 萬圓，再隔年居然增加為 3 億圓，順利到連我自己都感到驚訝。

　　正因為有這樣的結果，我才能繼續從事自己喜歡的補習班老師工作，所以真的很感謝能遇見股票。

　　在本書裡，我打算以淺顯易懂的方式，介紹如何實踐能讓人生變得更豐富的股票投資心法。

我的上一本著作《我花 2 年 7 個月將 66 萬圓變成 3 億圓，目標年利 1000％！股票的短線買賣法》，是以幾天內的波段交易為主，本書則是以一天內就要完成的當沖交易為主。

我認為，如果要藉由短期買賣得到想要的獲利，最重要的是判讀線圖與分析新聞題材這兩項能力。

從新聞題材中找出機會，分析線圖確實掌握獲利。這句話不是我在哪本書裡看到，而是親身感受到的勝利方程式。

我在本書裡準備了 36 個線圖的練習題，希望能讓大家徹底學會這兩種能力。為了更有真實性，每個問題都列出新聞題材，以及截至當天為止的線圖。這些問題全都是練習綜合判斷的題目，能讓大家養成並實踐觀察股市的能力。

了解自己的投資性格，是累積資產的開始

假如你是初次翻閱我著作的讀者，想必對我很陌生。以下向各位說明我的投資經歷。

2002 年春天，我升上大學四年級，當時想成為專利代理人，於是著手準備考試，同時開始玩股票。

起初，我拿打工存的 40 萬圓來玩，別說是當沖交易，就連對股票也一無所知。光看公司的網站，也沒看線圖，只覺得「這支股票看起來不錯」就買了，結果損失將近一半的資金。後來，用薪水填補損失的缺口，傻得令人目瞪口呆。

到了 2003 年，我終於恍然大悟，這樣長期投資是行不通的，於是開始從事波段交易。托幾次成功交易的福，總算把之前的損失賺

回來。

　　2003年春天，所有投資人都擔心，大型銀行會不會被壞帳問題拖累而倒閉，而且股票總是刷新泡沫經濟時期的最低價。當時，天天目睹金融股以便宜到令人不敢置信的賤價拋售，這個經驗在我的投資人生裡是一件非常幸運的事。

　　2003年5月我順利從大學畢業後，開始認真地進行股票交易。我把66萬圓的資金移到新開的Cosmo證券戶頭，開始用當沖交易與波段交易的方式，在白天進行短期買賣。

　　從此以後，如前所述，在2003年底增加到200多萬圓，2004年增加到2000多萬圓，並達成年獲利率1000%的目標。

　　我在2005年撰寫上一本著作時，曾提到我若要出書分享經驗，必須賺到3億圓左右才行，所以在當年年底，努力讓2000萬圓增加為3億圓。

　　到了2006年，我順利推出上一本著作《我花2年7個月將66萬圓變成3億圓，目標年利1000%！股票的短線買賣法》。

抱著不放、做長線就賠，為什麼？

　　2007年因為次級房貸問題，造成全球股價同時下挫，2008年因為雷曼風暴，衍生金融危機，這些狀況使市場上哀鴻遍野。

　　隨著2007年全球股價下挫，我個人也因短期買賣而產生初次虧本的記錄。這是因為我在短期內成功讓資產增加到3億圓，於是開始掉以輕心了。結果，2008年我的績效只有一點點。

　　在這個百年難得一遇的股價波動下，大多數投資人紛紛退場，

相較之下，我覺得自己表現得還算不錯。在這兩年內，反而是長期投資人和基金投資人，蒙受巨大的損失。

在 2006 年撰寫上一本著作時，我認為應該要實踐大家所說的分散投資，便將資產轉移到長期投資和基金投資等，老實說，那真是一大敗筆。

在 2006 年及 2007 年買進的標的，最後多半都只剩下不到一半的價格。然而，長期投資的原則是，不管發生什麼事都要長抱，因此我覺得自己不適合這種無法馬上確定獲利或損失的投資手法，而應該把戰力集中在自己的優勢上，也就是進行短期投資。

找對方法，大盤在跌我照樣持續獲利

由此可知，我對於長期投資很不拿手（以現階段而言），但對於短期投資，我能把自己成功修練的武功心法，傳授給各位。

即使在 2009 年股票低迷時機，我也有明顯的獲利。那時，我雖然把精力花在寫書上，不太有時間研究個股，但年度結算總額，還是大幅獲利。

因此，各位只要能理解並實踐本書介紹的心法，肯定會對自身的投資情況很有幫助。

但願本書能讓各位的投資生活、當沖交易生活，更加多采多姿。那麼，讓我們趕快開始吧！

PART 1

搞懂基礎知識，不賠！

為了利用當沖交易獲利，選擇證券公司的方法及情報戰術，也就是標的以外的要素很重要。在 PART 1 裡，將帶大家從基本常識來認識當沖交易。

當沖有2大優點 新手立刻上手

手上沒持股,每天都能回顧當日交易缺失

首先,你得知道股票投資的手法有很多種。例如:利用基本分析進行長期投資;透過以日線圖為中心的技術分析進行波段交易,還有當沖交易法、搶帽交易法等。

一般而言,長期投資的持股期間以數年為單位,波段交易則以幾天、最久一星期左右最為常見。搶帽交易的手法,則是短到連一分鐘都不到就要交易。

至於本書將為大家介紹的當沖交易,就是在一天以內完成買賣交易的手法。

原則上以一天為當沖交易的基本單位,就是於收盤前(台灣收盤時間為下午一點三十分),賣出所有手上持有的股票。

在進行當沖交易時,得每天檢討當天的交易,並以嶄新的心情,迎接隔天的挑戰。若是從事比波段交易更長期的投資活動,必須注意世界的走勢有什麼變化,但是當沖交易因為不用抱著股票(持有部位)過夜,晚上也不會因為擔心美國市場的股價波動而擔心到睡不著覺。

因此,心情不會因為未實現獲利而七上八下,更不用因為抱著

PART **1**　搞懂基礎知識，不賠！

想甩也甩不掉的帳面損失，而整天愁眉苦臉地過日子。換言之，就是可以隨時想休息就休息。

事前準備妥當，上班族也能兼差做當沖

或許也有人會認為上班族不可能從事當沖交易，但是絕對沒有這回事。

只要學會PART 3介紹的判讀日線圖及題材的方法，上班族也能從事當沖交易。只要前一天晚上事先調查個股的線圖及題材，早上起床看報並檢查美國市場的走勢，在上班前下好單，利用12點到下午1點的中午休息時間，確認股價及成交情況，就能把上半場買進的股票賣掉，或者在下半場開盤時買進新的股票。（註：日本股市交易分成上下半場，11點以前稱為前場〔上半場〕，12點半以後稱為後場〔下半場〕，中間為午休時間，下一頁會再做說明。）

針對在下午1點前買的股票，掛出限價委託單，再以設定好條件下單的方式，執行收盤時強制成交的「收盤市價單」，這樣就是有模有樣的當沖交易。

或許有人會感到不安，認為無法看盤會對當沖交易造成不利的影響。的確不能在第一時間交易，但也不會受到瞬間的股價波動所惑而倉皇賣出，所以仔細想想，無法看盤也有其好處。但是，請不要因為熱中投資股票，躲在廁所裡用手機確認股價，甚至荒廢本業。萬一因此被炒魷魚，就得不償失了。重點在於不要被感情左右，而是以平常心累積財富。

看懂股價每日波動，再出手

先有概念，掌握股票交易實際流程

沒投資過股票的人，或許腦海中還沒有交易的具體概念。因此接下來先帶大家看一下股票交易的現實流程。股票市場的一日流程如下表所示：

圖解1-1　股票市場的時間表

	時間	說明
	8：20	個股出現動靜。
	9：00	開始上半場的交易。
上半場	9：00～9：20	股價波動最劇烈的時段。
	9：30～9：40	股價波動比較穩定的時段。
	9：40～10：00	比較容易出現向上走勢的時段。
	11：00	前場收盤。上半場結束。
午休	12：05	個股出現動靜。上班族確認股價的時段。
	12：30	後場開盤。開始下半場的交易。
下半場	13：10～13：40	交易最沒有緊張感的時段。令人想睡。
	14：30～14：50	想持股者的買單與不想持股者的賣單碰撞出火花的時段。
	15：00	終場收盤，下半場結束（大證、Hercules 市場到 15：10）

做短線得注意，心理走勢或生理現象會連動

　　股票市場從9點開始，9點到11點之間的上午交易時段稱為「前場（上半場）」。

　　中午有一個半小時的休息時間，交易重新展開後的12點半到下午3點之間稱為「後場（下半場）」。以股票交易為例，開始交易的時間點稱為「開盤」、結束的時間稱為「收盤」。

　　再由此細分，開始上半場交易的時間點稱為「前場開盤」（或直接稱為「開盤」），上半場結束的時間點稱為「前場收盤」，開始下半場交易的時間點稱為「後場開盤」，下半場結束的時間點稱為「終場收盤」或「後場收盤」。

　　開盤是一天中股價波動最不規則的時間點。舉例來說，前場開盤時，不一定會開出與上一個營業日相同的價位，因為以相同價位開盤的情況很少見。後場開盤時，也會因為午休時間看盤的上班族紛紛下單，導致成交量（成交股數）變多。

　　還有，股價波動具有隨時間而異的狀況，例如：風向在下半場忽然逆轉，有時下半場的股價波動可能比上半場穩定。

　　換句話說，當沖交易可說是與人類一天內的心理走勢或生理現象息息相關。

　　此外，「開盤」與「終場收盤」之間的時段稱為「盤間」。

　　有志從事交易的人，最好事先記住這些相關用語。

券商手續費很重要，不虧！

券商不是大就好，配合自身條件才最好

為了讓新手更為了解，我帶大家認識從事股票交易的步驟。

首先是選擇證券公司。關於選擇證券公司的方法，最重要的是交易時的手續費。

即使每次花的手續費差不多，但是交易的次數一多，就不能忽略這個金額的差距（只要下的單沒有成交，就不會產生手續費）。

下一頁是深受日本散戶投資人喜愛，SBI 證券與樂天證券的現貨交易收費表。

這兩種收費方案，一種是產生的費用加起來的總金額方式，另一種是每次交易的手續費皆為固定制。不管怎樣，100 萬圓交易的手續費約為 1000 圓左右，手續費的比例佔交易金額的 0.1% 不到。

順帶一提，分析、計算前者的收費方案後，會發現如果買賣的成交金額總計在 50 萬圓以內，選擇 SBI 證券比較有利，如果介於 50 萬到 200 萬圓之間，則是樂天證券比較有利，若再往上又是 SBI 證券比較便宜。此外，樂天證券的當沖優惠是指，對於當沖交易，以半價收取手續費。證券公司的手續費體系天差地別，要調查哪一家的收費最便宜，再去公司開戶，就可以開始交易。

PART 1　搞懂基礎知識，不賠！

圖解1-2　配合當天成交金額的收費方案

SBI證券 積極方案

當天的成交金額	手續費
～10萬日圓	100日圓／1日
～20萬日圓	200日圓／1日
～30萬日圓	300日圓／1日
～50萬日圓	450日圓／1日
～100萬日圓	800日圓／1日
之後每增加100萬圓	每次增加420圓

樂天證券 單日定額方案

	當天的成交金額	手續費
小額	～50萬日圓	450日圓／1日
	～100萬日圓	900日圓／1日
	～200萬日圓	2100日圓／1日
	～300萬日圓	3150日圓／1日
	之後每增加100萬圓	每次增加1050圓

※ 當沖優惠（當沖交易只收買或賣的手續費）
（2009年10月資料）

圖解1-3　每次下單就收費的方案

SBI證券 標準方案

每次下單的成交金額	手續費
～10萬日圓	145日圓／1次
～20萬日圓	194日圓／1次
～50萬日圓	358日圓／1次
～100萬日圓	639日圓／1次
～150萬日圓	764日圓／1次
～3000萬日圓	1209日圓／1次
3000萬日圓以上	1277日圓／1次

（2009年10月資料）

樂天證券 一次性方案

單次下單成交金額	手續費
～10萬日圓	145日圓／1次
～20萬日圓	194日圓／1次
～50萬日圓	358日圓／1次
～100萬日圓	639日圓／1次
～150萬日圓	764日圓／1次
～3000萬日圓	1209日圓／1次
3000萬日圓以上	1277日圓／1次

設定買賣的2個條件，放心！

用限價單指定價格，以市價單迅速成交

市價單是不指定價格的方法，只要是在交易時間內，就能立即成交的委託。如果是在交易時間以外的時間下單，就會在下一次市場開始交易的時候，以開盤價成交。

市價單可以迅速成交，但是價格上會有點不利，因此適用於想盡快在交易時間內完成買賣的時候。

所謂限價單則是指定價格的委託方法，也就是一種限制交易條件的下單法，可以在下單的時候設定好條件。對於平日白天要上班，且無法下單的人，例如上班族，可說是不可或缺的下單工具。

◆ 開盤最好用「限價單」買進

只在開盤的時候下限價委託單，可以指定「若開盤時跌到這個價位就買進」，若開盤時未達約定價位則取消委託單。好處是，即使在交易時間內暴跌，也不用擔心買不到。

◆ 收盤最好用「市價單」賣出

在上半場交易時間中無法成交，就得在下半場終場收盤前，改

成市價單交易,盡可能完成賣出。總之,原則就是不把股票抱到隔天,市價單是非常好用的方法,但偶爾會發生在當天收盤前無法成交的狀況。

◆ 觸及市價單

所謂觸及市價單,是指當股價波動到事先指定的價位時,就執行交易的服務。

通常使用在股價下跌的時候,用來認賠賣出或停損,也能用在突破上漲壓力線時順勢購買。

◆ 限價+觸及市價單

這是指事先下好限價單,同時配合觸及市價單並行的交易。

當買進的股票上漲到能確保獲利的價位,便發出限價賣單,當股票跌到某個價位以下時,再以觸及市價單停損的方式賣出。對於無法及時看盤的人來說,這個方法非常方便。

只可惜 SBI 證券並未提供這項服務。

以上這些條件限制交易單,最齊全的是 Kabu.com 證券公司。下買單的時候可以同時預約賣單,買進股票的瞬間便自動下好限價賣出委託單……,雖然手續費貴了一點,但在服務方面非常好。

你的投資性格，決定你的交易方式

你習慣股票漲了才買，還是跌了才買？

人的個性會反映在股票的世界裡。有很多投資客的手法都充滿個人風格。

在股票的世界裡，等到股價上漲才買的人稱為「順勢操作派」，而等到股價下跌才買的人則稱為「逆勢操作派」。

沒有孰優孰劣的問題，只是個性的差異，但在確立自己的投資手法時，必須隨時意識到這一點才行。

用資金槓桿做信用交易，擴大 3 倍獲利

也許大多數的人會這麼想：「在日經平均指數不斷上升的時候還好，下跌的時候不就一點用也沒有嗎？」

然而，一旦使用信用交易，即使未持有股票，也可以在看起來會下跌時掛出賣單，在真正下跌時再買回來。以上的行為稱為「融券」或「賣空」。雖然可以借股票來賣，不過一旦借了就遲早得還。

利用這種制度進行信用交易的時候，期限固定為 6 個月。如果是當沖交易，當天就必須完成交易，因此可以完全不用在乎期限。

或許會給人「信用交易很可怕」的印象，但是只要使用方法正確，其實是很方便的工具。以投資股票為例，透過信用交易的交易金額可以擴張到保證金的 3 倍。

以上稱為「資金槓桿」，損失可能擴張為 3 倍，但獲利也可能擴張為 3 倍，正所謂高風險、高報酬。

順帶一提，以外匯為例，有些公司允許從事保證金 100 倍的交易。最近因為風險實在太高了，似乎傾向於限制在 20 倍以內，但不管是股票交易還是操作外匯，都千萬不要忽略了風險控管。

不是每檔個股都能賣空，交易前得看資券比

想要進行信用交易制度的「賣空」，進行交易的個股必須被指定為「可借券賣出個股」才行。

因為是「借股票來賣」的機制，各位可以記成「可以賣空的個股＝可借券賣出個股」也無妨。還有，賣空的規定是每次下單不得超出 50 個單位。

在信用交易制度中，只要觀察名為「資券比」的數字，就能對到前一天的買賣狀況一目了然，有助於分析趨勢。

資券比以「融資餘額 ÷ 融券餘額」的方式表示，大於 1 倍就表示融資較多，小於 1 倍就表示融券較多。在實際的市場上，股價暴跌的時候，融資會增加；急漲的時候，融券會增加。由於信用交易制度規定，必須在 6 個月以內完成交易，所以融資增加表示有潛在的賣壓，融券增加則表示有潛在的買氣。

漲勢漂亮卻沒量，別買！

只要沒有選錯股，任何情況都能救

不只當沖交易，一般人要買哪支股票，都得對於那支股票很了解。無論市場面再怎麼好，還是存在著下跌風險的個股；相反地，無論大環境再怎麼差，同樣也有會上漲的個股。

即使是價格波動很理想的個股，一旦沒有成交量，就不適合當沖交易。

我認為在從事當沖交易的時候，說是只要別選錯個股，就一定會有辦法獲利，這一點也不為過。因為只要好好地選對個股，就算必須執行停損，損失也不會太大。

那麼，對當沖交易來說，應該要怎麼選擇個股呢？

事先確認大盤走勢，以免見樹不見林

以我為例，會在前一天晚上確認整個市場的股價波動。如果光顧著追蹤個股的股價波動，忽略整個市場的股價波動，在市場面突然改變風向的時候會吃大虧。所以不要只看到眼前的樹木，重點在於要事先認識整座森林。

圖解1-4　利用日經平均指數來了解整個市場的股價波動

這時，我推薦 SBI 證券的官方網站，非常好用。

上圖是 SBI 證券公司的網頁，左邊是「日經平均指數」一天的波動。

所謂「日經平均指數」，是從東證一部上市個股中選出 225 家公司，以特別的算法計算股價平均值，再加以修正的股價指數。

看得出來這天以稍微低於前一天的價位開盤，然後又緩步下跌。

中間是 TOPIX（東證股價指數）的波動，這也是很重要的指數。以收盤價為基準，加總東證一部上市股票的市值總額，再將其數據化，將 1968 年的數值設定為 100，由東京證券交易所製作而成。

TOPIX 不只 225 家公司，所有東證一部上市公司都是其對象，因此更能明確地看出整個市場面的狀態。

不妨在前一天晚上確認這兩個數字。做為參考，最好把右手邊的 JASDAQ 平均指數也看一下。

口袋名單哪裡找？就看個股排行榜

確認過整個市場的走向之後，接著檢查排行榜資訊。股市有各式各樣的排行榜情報，我會特別參考漲幅排行榜（請參照圖解 1-5）、跌幅排行榜、成交金額排行榜（請參照圖解 1-6）。

其中以漲跌幅排行榜的情報最有用，但是太依賴漲跌幅排行榜也會伴隨著危險。

這是因為那些股價個位數的股票，經常會出現在排行榜的前幾名。舉例來說，當股價 5 圓的股票變成 6 圓，其漲幅為＋20%，但這種股票是不可以買的，因為每天的成交金額太小，不能列入考慮。尤其，這種股票若從 5 圓跌到 4 圓，跌幅為－20%，具有風險極大的缺點。

由此可知，也必須事先觀察「成交量」與「成交金額」。

所以，成交量加成交金額大的個股，才會出現在成交金額排行榜的前幾名，此排行榜能避免買到不受投資人青睞的個股。

出現在前幾名的通常都是那幾家老面孔，其中有的永遠都在前幾名來來去去，倘若出現平常沒看過的個股，最好研究一下。然後，只要在每天周而復始的情況下，逐漸培養選股的眼光就行了。

午休時做點功課，確認券商交易排行榜

此外，SBI 證券的「自家排行榜」是很方便的工具，提供給午休的上班族參考。只要點擊網頁上的「市場」→「排行榜」→「自家排行榜」就能找到（2009 年 10 月現狀），其中最值得注目的是「成

PART 1　搞懂基礎知識，不賠！

圖解1-5　漲幅排行榜（SBI證券）

圖解1-6　成交金額排行榜（SBI證券）

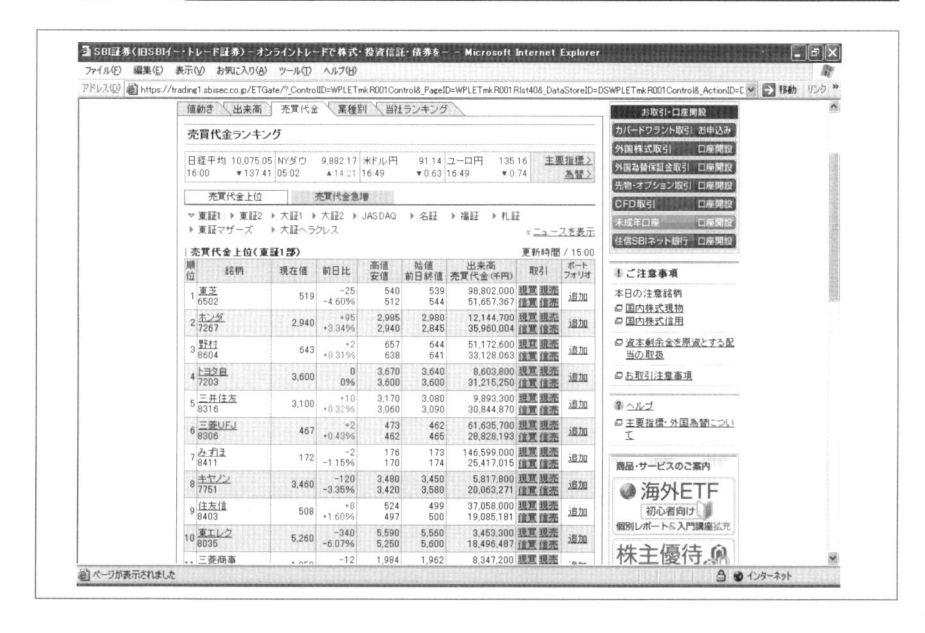

交金額排行榜」，圖解1-7即為一例。

在「表示成交金額前幾名」這點是一樣的，但這是透過SBI證券下單的買賣雙方「今天上半場最多交易哪一支個股」的排行榜。

上半場表現很活躍的個股，到了下半場可能會有更多人買，也可能從下半場開始遭到大量拋售，上半場與下半場的風向突然轉變，並不是什麼稀奇的事。

因為是深受散戶投資人青睞的證券公司，足以成為「選擇下半場要操作哪一支個股」的材料，所以請務必參考看看。

瀏覽當日頭條，10分鐘看完一天理財新聞

在證券公司的網站上，會提供大量與股票有關的新聞。

我主要是從SBI證券的市場頭條新聞，去搜尋財務報告或其他的新聞題材（詳情將在PART 3仔細說明）。如圖解1-8所示，網頁上羅列著新聞標題，只要點擊想知道的新聞標題，便能看到詳細的內容。

儘管如此，若全部都點開來看，可是會沒完沒了。我基本上是點進個股報價表裡，檢查有沒有某支股票的名稱，如果有再確認新聞內容。習慣之後，只要10分鐘左右，就能把當天收盤後的所有新聞瀏覽過一遍。

從證券公司等股票相關網站得到的資訊，這樣就差不多了。做為進行當沖交易的個股候補，只要選定10家公司就夠了。

PART 1 搞懂基礎知識，不賠！

圖解1-7　成交金額排行榜（SBI證券的自家排行榜）

圖解1-8　頭條新聞（SBI證券）

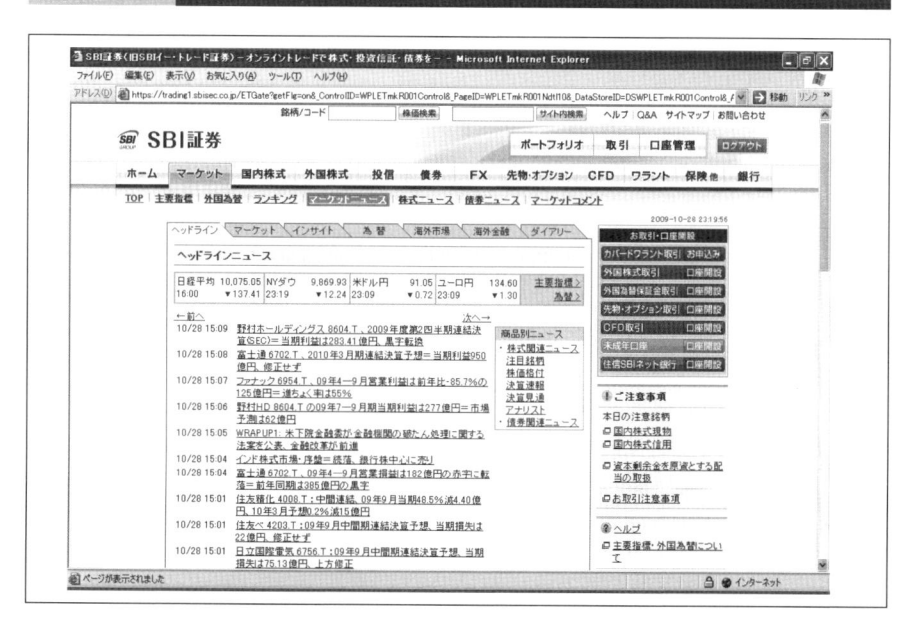

善用券商看盤軟體，省錢方便

輸入口袋名單個股，讓電腦幫你監控股價

　　關於成交量很大的搶手個股，不妨事先輸入到證券公司提供的「個股報價表」服務裡。可以簡單觀察自己想買的個股，在各種交易軟體中，這個功能很方便。

　　我使用的是樂天證券名為「市場速度」（Market Speed）的交易軟體。

　　在「市場速度」這套軟體裡，股價公布欄的名稱是「盤中情報」。以我為例，輸入於盤中情報2～9之間的個股基本上都是固定的，然後再把最近表現活躍的個股輸入到盤中情報1裡。

　　盤中情報2是個人偏好的個股，盤中情報3是以銀行為首、及豐田汽車、索尼、新日鐵等足以代表東證的個股，盤中情報5則是由不動產、化學、製藥構成。

　　然後再設定成漲幅大的跑到上面、跌幅大的落在下面，資金集中在哪個業種、賣掉哪個業種等等，就能一目了然。

　　圖解1-9是盤中情報5的畫面，上面是醫藥類股，下面是化學和不動產，如此一眼就能看出各個業種的漲跌幅。

買賣前先看新聞，比較消息和股價的落差

一旦進入篩選個股的階段，務必檢查個股的新聞，與截至到前一天為止的日線圖。

舉例來說，即使財務報告的業績十分亮眼，萬一股價因為樂觀預期而已經漲過頭，就會「利多出盡」。相反地，假設因為不看好業績而導致股價不斷下跌，隨著財務報告的公布，則會因為「已經反應過了」，而造成股價的反轉。由此可見，重點在於要同時觀察線圖與新聞題材。

此外，在市場速度裡，點擊盤中情報的個股右鍵，就能搜尋該

圖解1-9　請事先將自己想買的個股輸入到個股報價表裡

根據該個股當日與前日相較的漲跌幅落差排列。
這一天的前段班多為醫藥類股。

後段班多為化學類股與不動產類股。

個股的線圖與新聞。在圖解 1-9 的例子裡，選擇普利司通按右鍵，再選擇「搜尋新聞」，就會呈現出如圖解 1-10 所示的新聞畫面。

只要使用這項工具，就能瞬間掌握想買的個股過去一個月的新聞。

別忘了！美金匯率會影響外資和出口業

當天早上，千萬別忘記檢查日圓與美金的匯率。

一旦日圓升值，外資就會傾向於賣掉日本的股票；一旦日圓貶值，就會買進日本的股票。這是因為日圓一旦升值，即使賣掉股票

圖解1-10　也可以搜尋個股的新聞（市場速度）

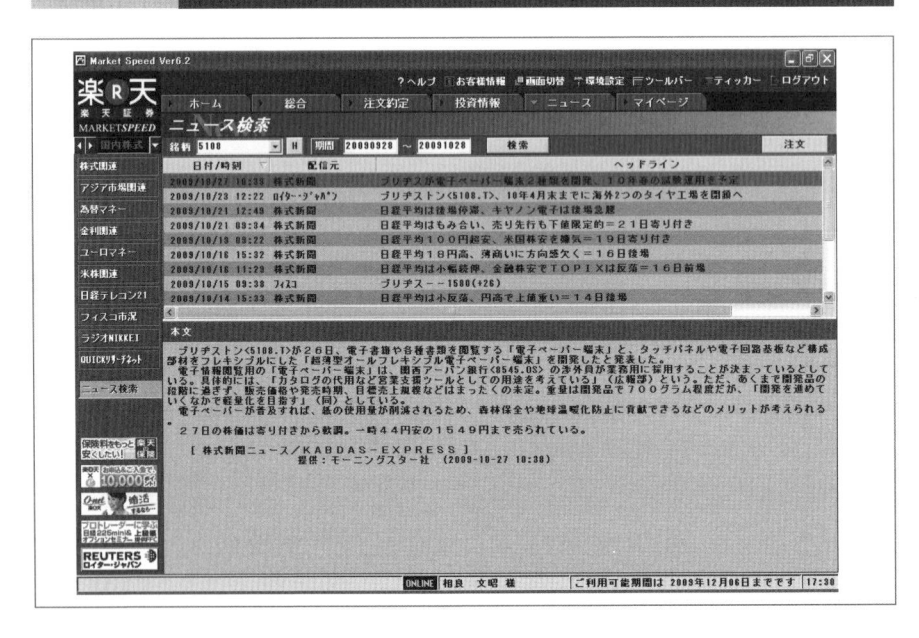

沒有獲利，也能在把日圓換成美金時產生匯差。相反地，日圓一旦貶值，用同樣的美金可以換到比日圓升值時更多的日幣，所以可以買進更多的股票。

再加上匯率會影響企業的進出口業務，所以日圓一旦升值，豐田汽車、本田技研工業、索尼等出口型個股就會下跌，而宜得利等進口型個股的股價就會上漲。如果日圓貶值，當然會發生相反的現象。

區區一天的日圓升值，不可能讓出口企業的業績立刻惡化，但是在股票的世界裡，會讓人聯想到業績的一切都會變成題材，所以還是會對股價造成相當大的波動。

如果是與美國有關的個股，一般來說，最好也要檢查一下美國的股票指數。

美國最具有代表性的股票指數為「道瓊工業平均指數」，再加上美國的新興市場「納斯達克綜合指數」等等，都會交易到日本時間的凌晨，所以不妨在當天早上先確認一下。

如果還有餘力，也可以看一下芝加哥期貨市場（CME）的日經225期貨的數字，因為早上的日經期貨開盤價，通常會很貼近上述的日經225期貨的數字。關於CME，將會在PART 2的專欄再做介紹。

即使不玩外匯，考慮到「股票市場也受國際情勢影響」，意識到匯率及美國市場也很重要。

當沖交易的精髓：情報戰

不必挖掘秘密，而是搶先掌握人盡皆知的消息

　　從事當沖交易的時候，最重要的是，要搶先一步掌握住大家只要有心就能知道的資訊。

　　股價之所以急漲，是因為會讓大家想買那支股票的資訊曝光，於是大家都掛出買單。

　　反之，一般人無從得知，只有透過特殊管道才能知道的資訊並沒有幫助。雖然影響遲早會發酵，但至少對於當天就必須完成買賣的當沖交易並沒有太大的意義。

報紙不可盡信，得判斷消息對股價的影響

　　從「大家都能知道」這個角度來說，當天早上送到的報紙是再好不過的材料。雖然絕對稱不上便宜，但是只要能創造出超過每個月訂報費用的價值，就能充分回本。

　　報紙當中，我比較推薦的是《日本經濟新聞》。由於具有推動股價能力的法人、散戶都會閱讀這份報紙，因此它對股價具有絕大的影響力。

　　早上沒有時間的人最好看一下頭版，檢查刊登在頭版的資訊，

PART 1　搞懂基礎知識，不賠！

追蹤在報導裡的個股之後的價格波動，對於分析資訊會對股價造成什麼程度的影響，是再理想不過的訓練。

頭版的右側會刊登其他版面的報導摘要，如果有你在意的標題，不妨瀏覽一下。我常常在這些資訊裡挖掘出寶藏。

再來就是常常可以聽到的，比起只是漫不經心地瀏覽，先有目的再看這些資訊，絕對會比較有效率。

以我為例，會提醒自己要具備這家公司的相關訊息，並了解它們對股價帶來什麼樣的影響。這種微觀的角度，能粗略掌握住世界的經濟脈動。

另外，也要在腦中提醒自己，報紙的報導都是由與自己一樣的人所撰寫，因此即使是相同的事實，給人的印象也會因寫手而有所不同。

對於寫得像是利多題材的報導，市場卻給予不同評價的情況，也常常見到。

早上起床看報這件事，不只要有充裕的時間，精神上也要從容不迫。遊刃有餘的精神狀態，是當沖交易不可或缺的一環，更是在股票市場上獲利的重要因素之一。

我明白了！

要從報紙的報導中，找出影響股價的題材！

37

專欄 1

3個關鍵字,讓你賣空運用得淋漓盡致

　　信用交易會使用到非常獨特的用語。以下為各位介紹幾個出現在本書裡的用語。

・持倉
　　意指融資或融券(賣空)後尚未平倉的部位。

・軋空
　　在大量賣空的情況下,倘若股價急漲,無法承受帳面損失的賣方會回頭買進,以沖銷先前賣出的部位,導致股價再往上漲一波。

　　股價上漲的時候,繼續有人賣空,他們也蒙受帳面損失,為了撐住低點,只好又買進,以沖銷先前賣出的部位,結果把股價愈推愈高,這種情況稱為軋空。在軋空的市場裡,股價可能會無止盡地上漲,因此必須慎重判斷。

・借券費
　　信用交易原本就是向大股東借股票來賣的借券制度。如果信用交易過熱,就沒有足夠的股票可以借,因此會產生借券費。一旦發生借券費,當天持有賣空倉位的人,視其保有的賣空股數,要支付費用,上述的費用是付給持有融資倉位的人。

　　借券費的發生,有時候會因為賣方買進以沖銷先前賣出的部位,而造成軋空,對股價的影響也不小,所以必須注意。

此外，只要在當天完成交易，就不會受到支付借券費或收取借券費等直接的影響。

PART 2

讀懂 K 線圖，勝率高！

這本書的特色是「寫得非常實用」，因此會出現許多新手不容易理解的用語。在 PART 2 裡，將為大家介紹本書中的基本用語。

線圖基礎1：
看懂K棒與成交量

線圖有分「時間」，當沖得看日線與5分線

在股票的世界裡，「線圖」是指將股價變動繪製成的圖表。線圖琳瑯滿目，有月線、週線、日線、分線等，本書講的是當沖交易這種超短期買賣，所以要為大家介紹的是跨距較短的日線圖及5分鐘線圖。

應該已經有很多人知道，所謂日線圖是指，用K線來表示，將1天為單位的股價變動畫成圖表。為了讓大家更有概念，以下以HOYA的日線圖為例做說明（圖解2-1）。

在預測第二天的股價變動時，必須具備分析日線圖的能力，因此請務必仔細地進行確認。

成交量表示搶手程度，個股無量很難當沖

位於線圖下方的柱狀圖，代表一天的「成交量」。顯示有多少筆交易成立，是用來觀測個股搶手程度的量表。

對於從事當沖交易的人，成交量非常重要。一旦買到成交量極低的個股，通常最後只能以賤價賣出。在從事當沖交易的時候，請

選擇成交量至少一天 1000 股以上，最好是以 10000 股為單位買賣的個股尤佳。

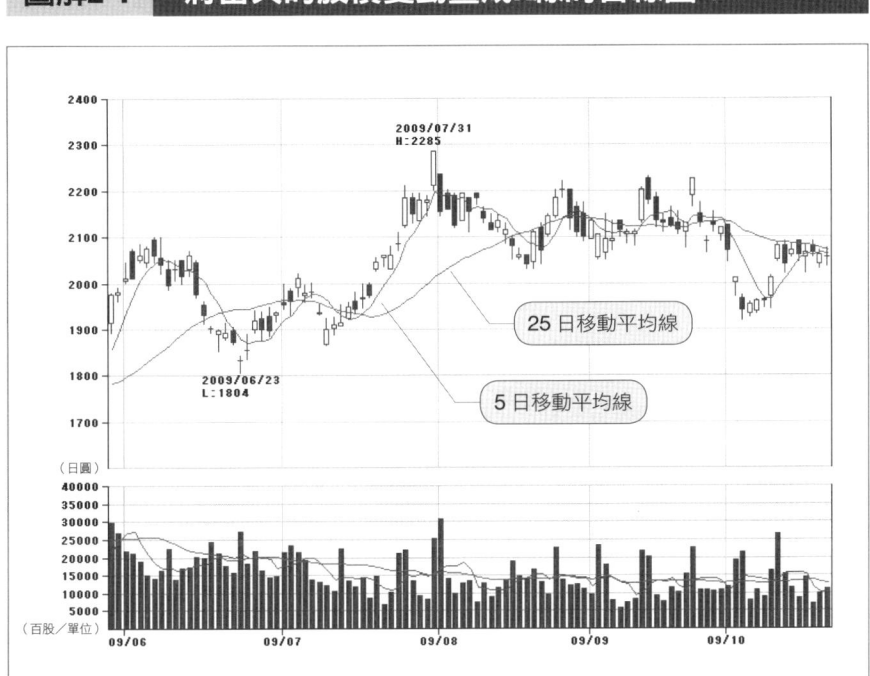

圖解2-1　將當天的股價變動畫成K線的日線圖（HOYA）

一根 K 棒代表 4 個價位，是交易基本關鍵

羅列在線圖的中央，細細長長的長方形稱為「K 棒」。K 棒一共有 3 種，如圖解 2-2 所示。

陽線表示收盤價高於當天的開盤價，因此是買盤大於賣盤，股價呈現上升。

陰線表示收盤價低於當天的開盤價，因此是股價被賣盤壓低時的狀態。

十字線出現在當天的開盤價與收盤價相同的時候。此外，若上影線的長度與下影線的長度等長，表示買賣雙方勢均力敵。

圖解2-2　K棒相關基礎常識

陽線：上影線→最高價，→收盤價，→開盤價，下影線→最低價

陰線：上影線→最高價，→開盤價，→收盤價，下影線→最低價

十字線：上影線→最高價，→開盤價與收盤價相同，下影線→最低價

線圖基礎 2：
觀察移動平均線

用 5 日均線判斷短期波動，25 日均線觀察長期趨勢

「移動平均線」是構成線圖的基本要素之一。所謂移動平均線，是抓出截至當天為止的幾天內股價平均值，在線圖上畫出波浪狀的線。

圖解 2-3 中，分別描繪出 5 日移動平均線與 25 日移動平均線。其他還有 75 日移動平均線等等，但在此先不列入討論。

◆ 5 日移動平均線

「5 日移動平均線」是把截至當天為止 5 天內的股價平均之後，畫成的圖表。表示短期的股價波動趨勢，會頻繁地上下移動。落在股價上方的時候，是抑制股價上漲的壓力線；落在股價下方的時候，則是防止股價下跌的支撐線。

從圖解 2-3 的線圖不難發現，股價上漲時會順著 5 日移動平均線上漲，下跌時則是以被 5 日移動平均線壓著打的方式下跌。

◆ 25 日移動平均線

另一方面，「25 日移動平均線」則是將截至當天為止 25 天內

的股價平均之後，畫成圖表。由於多半都會產生壓力或支撐的作用，因此具有比 5 日移動平均線更大的影響力。

倘若股價有好幾天都落在 25 日移動平均線之上，25 日移動平均線就會形成上漲的上升趨勢。反之，若 K 線都在 25 日移動平均線的下方波動，移動平均線就會形成下跌的下降趨勢。

股價一旦跌破 25 日移動平均線，進入下降趨勢之後，股價就不容易再上漲，由圖解 2-3 的線圖也可以看出，有段期間，高點受到 25 日移動平均線強力壓制。

圖解2-3　了解移動平均線扮演的角色（HOYA）

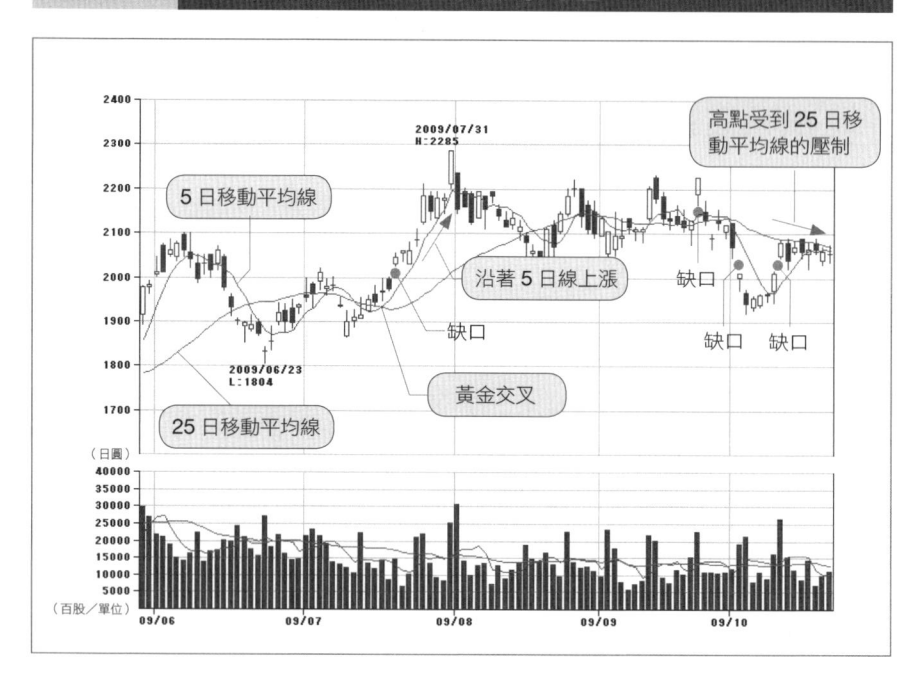

◆ 黃金交叉與死亡交叉

過去被壓制住的 5 日移動平均線，向上突破 25 日移動平均線，稱為「黃金交叉」。這是相當有名的買進訊號，在之前舉例的 HOYA 線圖中發生於 7 月中的黃金交叉，就是極為顯著的例子。反之則稱為「死亡交叉」，被視為賣出訊號。

◆ 缺口（跳空）

在股價上漲的局面，前一天的最高價與第二天的最低價之間產生落差時，或者是在股價下跌的局面，前一天的最低價與第二天的最高價之間產生落差的狀況，稱為「缺口」，又稱為「跳空」。

股價若跳空上漲，表示買氣強勁；股價若跳空下跌，則表示賣壓沉重。

股價愈靠近日線上跳空缺口的價位區間，就會讓人產生「填補缺口」的想法。

因此，很多人都說：「沒有無法填補的缺口」，但是那必須從非常長遠的角度來看，實際上，也真的存在著無法填補的缺口。

不過，如果有兩、三個缺口則另當別論，市場會變得過熱。假使在日線的上漲局面下有三個缺口，就會如「三空為賣點」所說，將成為獲利了結的參考點。

另外，缺口填補完之後，趨勢就開始反轉的情況也屢見不鮮。

◆ 趨勢線

如果要從事當沖交易，事先知道自己操作的個股趨勢，是往上還是往下很重要。趨勢是指股價波動的方向，為了了解這個方向而

描繪的線是「趨勢線」。

將股價波動的最高價連起來的線，稱為「上漲壓力線」；將股價波動的最低價連起來的線，則為「支撐線」。重點在於，要從以上兩種趨勢線看出股價波動的方向。

在圖解 2-4 的例子裡，不難看出股價在箭頭附近突破之後，截至目前的趨勢就整個反轉過來。

◆ 壓力區

股價每天都會上下波動，但是在線圖上經常可以看到，股價好

圖解2-4　利用趨勢線掌握股價波動的方向

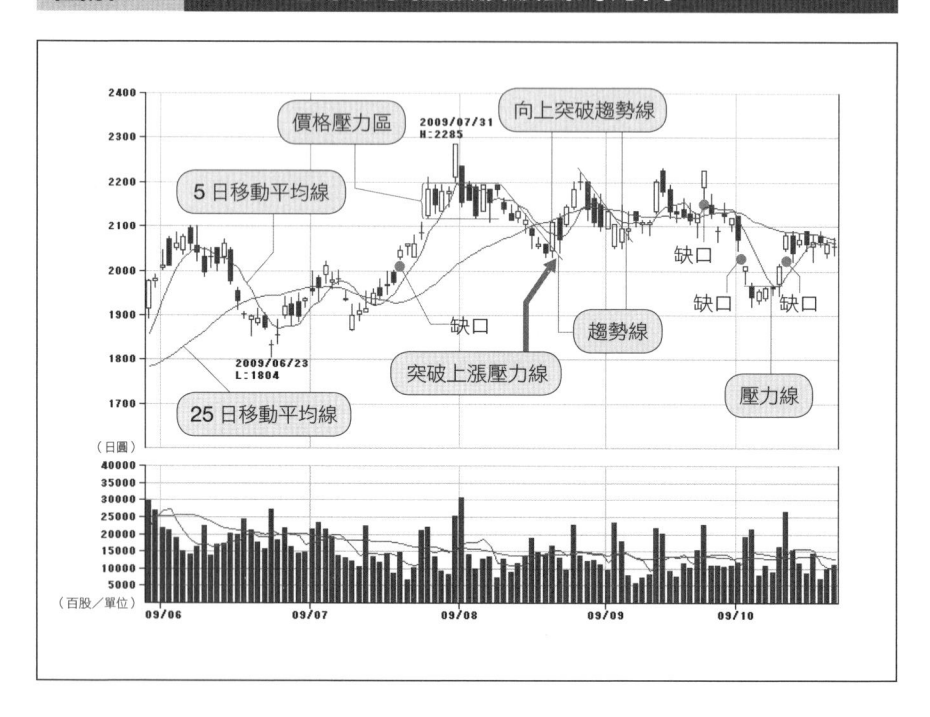

幾天都在同樣的價格區間遊走。考慮到要消化那麼多成交量的情況下，可能會形成所謂的「死豬價」，我將其稱為「價格壓力區」。

當股價一陣急漲後回跌，或暴跌後再反彈的時候，K線會進入價格壓力區，股價就突然不動了。

如果是股價從壓力區開始上漲，原因可能是在上述壓力區把股票賣掉的人覺得很不甘心，想要等到股價回到當初賣掉的價位附近，再把股票買回來。

反之，如果是股價從壓力區下跌的情況，在壓力區買貴的人當然會沉不住氣，一旦股價回到當初買的價位，就會想賣掉。

也就是說，當壓力區在上，具有抑制股價上漲的強大壓力；當壓力區在下，則會發揮強力的支撐作用。

此外，當線圖處於這種互相牽制的狀況時，會儲備非常大的動能。由此可知，長時間停留在壓力區的線圖，一旦動能爆發，就會經常發生股價一口氣上漲的情況。

線圖基礎 3：
判讀 5 分線圖

5 分線圖也要看均線，5 根及 25 根均線最關鍵

接下來，將為大家說明分鐘線圖。

話雖如此，但 5 分鐘線圖也只是以一個 K 線來表示 5 分鐘內的股價波動，除此之外與日線圖並沒有什麼太大的差異。

也有人會觀察 3 分鐘線圖或 1 分鐘線圖等等，但是我的話只看日線圖和 5 分鐘線圖。

圖解 2-5 是 IT 相關新興個股 ACCESS 的 5 分鐘線圖。

◆ 5 根移動平均線（5 根線）

分鐘線圖也有移動平均線，大部分的證券公司都能用線圖軟體來表示。

所謂的「5 根移動平均線」（5 根線），相當於日線的「5 日移動平均線」。說得簡單一點，就是將那段時間前的 5 分 ×5 根＝ 25 分鐘的平均股價畫成圖表。會變成強力的壓力線或是支撐線，發揮作用。

短時間的趨勢不容易變化，所以很可能會成為股價每波動一次，暫時往某個方向波動的平均線。

PART 2 讀懂K線圖，勝率高！

以圖解 2-5 的 ACCESS 線圖為例，可以看出 8 日的上半場被 5 根移動平均線壓著頭下跌，下半場開始受到 5 根移動平均線的支撐，股價逐漸上升。

◆ 25 根移動平均線（25 根線）

另一方面，將那段時間前的 5 分 ×25 根＝125 分鐘的平均股價畫成圖表的「25 根移動平均線（25 根線）」則相當於日線的「25 日移動平均線」。

這也會發揮支撐的作用，但嚴格來說，比較常見的情況是出現

圖解2-5　5分鐘線圖ACCESS（4813）7月7日～7月8日

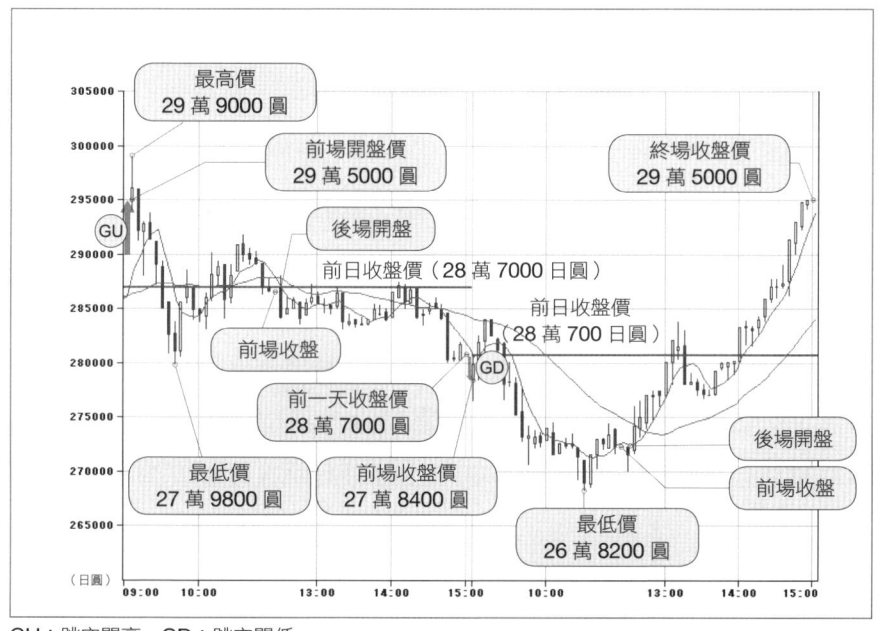

- 最高價 29 萬 9000 圓
- 前場開盤價 29 萬 5000 圓
- 終場收盤價 29 萬 5000 圓
- 後場開盤
- 前日收盤價（28 萬 7000 日圓）
- 前日收盤價（28 萬 700 日圓）
- 前場收盤
- 前一天收盤價 28 萬 7000 圓
- 最低價 27 萬 9800 圓
- 前場開盤價 27 萬 8400 圓
- 最低價 26 萬 8200 圓
- 後場開盤
- 前場收盤

GU：跳空開高　GD：跳空開低

在正在下跌的個股正上方,形成壓力線發揮作用。

當股價走跌的時候,要突破 25 根線需要相當強大的動能。當股價從下跌走勢水平反轉時,只要能突破這條 25 根線,股價反彈的可能性就很大。

以圖解 2-5 的 ACCESS 線圖為例,可以看出 8 日下半場一開始就立刻向上突破了 25 根線,原本一面倒向賣方的趨勢就反轉了。

◆ 暫定 5 日線

我在進行當沖交易時,經常會在腦中思考「暫定 5 日線」。

以交易前一天的 5 日移動平均線為例,是將〈5 天前、4 天前、3 天前、2 天前、1 天前〉這 5 天的股價加以平均而來。至於交易當天的 5 日移動平均線,則是將〈4 天前、3 天前、2 天前、1 天前、當天〉這 5 天的股價加以平均而來。

換句話說,只要把 5 天前的股價換成當天的股價來計算,但是股價不斷波動,因此 5 日移動平均線也會不斷變化。

如果是在當天的交易過程中,要一直計算很麻煩,再加上移動平均線只有在股價來到均線附近才有作用,所以不正確也沒關係,只要能畫出大致上的線圖,就足以成為指標。

因此,我的作法是把 5 天前與當天的股價排除,用〈4 天前、3 天前、2 天前、1 天前〉這 4 個股價的平均值算出暫定 5 日線,以此做為買賣指標,記在腦子裡。如果不擅於計算,不妨用計算機等工具事先算好寫下來。

暫定 5 日線=(4 天前+ 3 天前+ 2 天前+ 1 天前的股價)÷4

◆ 跳空開高與跳空開低

開盤價高於前一天的收盤價且形成缺口,稱為「跳空開高」（Gap Up）。反之,開盤價低於前一天的收盤價且形成缺口稱為「跳空開低」（Gap Down）（各自簡稱為 GU、GD）。

換言之,若以比前一天收盤價更高的價位開盤,就是跳空開高；比前一天的收盤價更低的價位開盤,即為跳空開低。

基於美國市場或芝加哥期貨市場的日經平均期貨指數的數值、其他各式各樣的因素,以和前一天一模一樣的價位開盤其實很少見,所以開盤價通常不是跳空開高就是跳空開低。

順帶一提,圖解 2-5 的 ACCESS　7 日開盤價為跳空開高,8 日開盤價為跳空開低。

盤勢基礎 1：
了解盤勢的構成

買賣雙方的即時報價，就是「盤勢」

在進行當沖交易的投資人當中，大概沒有人會對所謂的「盤」毫不在意。

所謂的「盤」是指，第一時間顯示出想買或想賣的人，願意以幾圓買／賣幾股的訊息（走勢）。通常旁邊也會顯示現值，以及相較於前一天的漲／跌幅等資訊。

正所謂百聞不如一見，請看圖解 2-6。

「現值」，表示軟體銀行（softbank）在這一刻的股價。

「漲跌幅」，是以正負符號表示現值與前一天收盤價的價差。

位於右側的是「委賣量」、「委託價」、「委買量」，也就是所謂的「盤勢」。

委託價是指想買／賣股票的人希望成交的價格。可以看出在那個價格下了幾股的賣單及買單。

圖中，在委託價當中的 2140～2160 圓之間稱為「買盤」，顯示在哪個價格有多少張數的買單，而 2165～2185 圓之間則是賣盤。軟體銀行的買賣單位為 100 股，因此從這張圖可以清楚地想像出 2160 圓的 1540 張買盤與 2165 圓的 1140 張賣盤，正在最前線交

PART 2　讀懂K線圖，勝率高！

鋒的模樣吧。

即時股價變動，來自買賣盤的交鋒結果

這時一旦掛出不在乎成交金額的「市價委託」，買單就會在2165圓、賣單就會在2160圓成交。成交的股價會顯示為現在的股價，因此若以2160圓成交，股價依舊是2160圓，但如果是以2165圓成交，股價就會上漲5圓，顯示為2165圓。

如果掛的是「限價買單」，由於是股價要在指定的價格以下才

圖解2-6　如何看盤　軟體銀行（9984）　10月21日

軟體銀行（9984）東證

			股價更新	自動更新ON

		委賣量	委託價	委買量
現值漲跌幅	2,160 ↓ ＋45（＋2.13%）（09/10/21 13:29）	355,700	2,185	
開盤價	2,115（09:00）	207,400	2,180	
最高	2,175（13:17）	136,300	2,175	
最低	2,105（09:00）	145,700	2,170	
前日收盤	2,115（09/10/20）	114,000	2,165	
成交量	8,399,500（13:29）		2,160	154,000
成交金額	18,049,970（千圓）		2,155	107,100
			2,150	84,400
漲跌幅限制	1,715～2,515（09/10/21）		2,145	88,200
買賣單位	100		2,140	86,100

會買入的委託，假設是 2300 圓的限價委託，也會立即以 2165 圓成交。換言之，結果會與「市價委託」一樣。

想像盤的另一邊，推測買賣方的力度

假設掛出 100 股 2165 圓的「限價賣單」，這時如果沒有其他人委託，2165 圓的賣盤就會從 114000 變成 114100。

由於以 100 股為單位，不妨想像前面有 1140 個人，自己排在第 1141 號，而換算成金額則為 2165×11400 ＝ 2 億 4681 萬圓。有將近 2 億 5000 萬圓的賣單排在自己前面，感覺好像排在很後面，但如果是像軟體銀行成交量這麼大的個股，只要有一張大的買單進來，即使排在第 1141 號，也很快就輪到自己。

盤勢基礎2：
注意特殊行情

別被即時盤勢迷惑，線圖訊號才是重點

在前文中，已經為大家介紹過盤了，早上開盤的時候，買單與賣單的量很容易偏向一邊，因此很容易造成買賣無法成交的情況。在這種情況下，證券交易所會特地讓投資人知道委託價。

如圖解2-7的上方所示，其顯示的「盤」稱為「特殊走勢」。像是美國市場發生劇烈動盪的第二天早上，特別容易看到這種現象。像這樣，買方或賣方特別強勢的時候，委託價一定會往強勢的那邊移動，而且會固定每5分鐘移動一次，其股價波動幅度具有如圖解2-7下圖所示的規則。

帶大家看一個具體的範例。在圖解2-7三菱UFJ金融集團從9點前開始的走勢波動。

直到9點之前，477圓的賣盤與476圓的買盤都還勢均力敵，然而一到9點的瞬間，並未立刻以其中一方的價格開盤，而是從482圓的特殊走勢開始，然後走勢每隔5分鐘繼續往下探5圓，到了買單與賣單的總數差不多的9點10分，才終於變成開盤價。

從事當沖交易的人幾乎每天都會遇到這種機會，但是請不要被盤勢所迷惑，要把線圖的「訊號」記在腦子裡來面對交易。

買賣盤不一定是真的，小心盤勢的陷阱

明明沒有要成交的意思，卻掛出大量的限價委託單，確定成交前再取消委託的行為，稱為「假買／賣盤」。

由於此舉會操縱股市，因此證券交易法明文禁止，各位千萬不要以身試法。

對於大部分健全的當沖交易投資人而言，「假買／賣盤」是非常討厭的，但其實市場上每天都會出現「假買／賣盤」，幾乎沒有一天可以倖免。事實上，我撰寫這本書的時候也發現了，我把當時的資料整理成圖解 2-9。

事先擬定作戰策略，才能不受假買賣單動搖

從圖解 2-9 可以看出，在 9 點 48 分的時候，456 圓與 457 圓加起來一共有 30 萬股左右的買單。不過，456 圓的 20 萬股買盤顯然不太自然。

隨即立刻出現賣單，將 456 圓以下的買盤全部消化掉，但是只有 7 萬 5000 股成交，表示原本掛在 456 圓那 20 萬股以上的買單在成交前就取消了。

以上就是所謂的假買盤，有如一天三餐般隨時出現。

即使明知是假買／賣盤，但人性還是會在盤中出現大量買單時跟風買進。另一方面，若出現大量的賣單，也會因為恐懼心理而想脫手。當假買／賣盤消失，又想做出相反的事。

由於股價會以這種方式實際波動，因此就算理智知道是假買／

PART **2** 讀懂 K 線圖，勝率高！

圖解2-7　　三菱UFJ金融集團（8306）　　10月22日

9 點前的走勢

委賣量	委託價	委買量
11,100	481	
49,600	480	
21,400	479	
8,800	478	
2,208,800	477	
	476	2,599,300
	475	398,300
	474	108,600
	473	89,500
	472	182,400

9 點整的走勢

委賣量	委託價	委買量
32,900	486	
148,200	485	
43,500	484	
28,400	483	
2,573,400 特	482	
	482	1,455,100
	481	118,800
	480	391,500
	479	87,500
	478	125,600

9 點 5 分的走勢

委賣量	委託價	委買量
119,200	481	
184,000	480	
132,800	479	
39,000	478	
4,347,000 特	477	
	477	3,504,400
	476	661,600
	475	543,100
	474	224,700
	473	355,900

9 點 10 分的走勢

委賣量	委託價	委買量
154,100	480	
114,200	479	
192,000	478	
46,000	477	
82,800	476	
	474	331,900
	473	378,400
	472	448,000
	471	327,900
	470	792,100

※ 特：特殊走勢

賣盤，結果人還是會隨著假買／賣盤起舞。

遺憾的是在現階段的市場環境，假買／賣盤顯然不會輕易消失。

正因為如此，我們這些從事當沖交易的人在進行交易的時候，必須把會出現假買／賣盤的事列入考量。

圖解2-8　股價的委託價每5分鐘的波動幅度

委託價（以上～未滿）	波動幅度	委託價（以上～未滿）	波動幅度
1～200 日圓	5 日圓	1 萬～1 萬 5000 日圓	300 日圓
200～500 日圓	8 日圓	1 萬 5000～2 萬日圓	400 日圓
500～700 日圓	10 日圓	2 萬～3 萬日圓	500 日圓
700～1000 日圓	15 日圓	3 萬～5 萬日圓	700 日圓
1000～1500 日圓	30 日圓	5 萬～7 萬日圓	1000 日圓
1500～2000 日圓	40 日圓	7 萬～10 萬日圓	1500 日圓
2000～3000 日圓	50 日圓	10 萬～15 萬日圓	3000 日圓
3000～5000 日圓	70 日圓	15 萬～20 萬日圓	4000 日圓
5000～7000 日圓	100 日圓	20 萬～30 萬日圓	5000 日圓
7000～1 萬日圓	150 日圓	30 萬～50 萬日圓	7000 日圓

PART 2　讀懂K線圖，勝率高！

圖解2-9　10月22日發現的「假買／賣盤」行為

明電舍（6508）東證

現值 漲跌幅	458 ↓ ＋5（＋1.10%）（09/10/22　09:48）
開盤	448（09:00）
最高	459（09:47）
最低	446（09:00）
前日收盤	453（09/10/21）
成交量	2,701,000（09:48）
成交金額	1,222,312（千圓）
漲跌幅限制	373～533（09/10/22）
買賣單位	1,000

股價更新　自動更新 ON

委賣量	委託價	委買量
43,000	462	
27,000	461	
60,000	460	
42,000	459	
32,000	458	
	457	48,000
	456	251,100
	455	56,000
	454	39,000
	453	22,000

457圓與456圓的買盤加起來將近有30萬股的買氣

數十秒後 ⬇

明電舍（6508）東證

現值 漲跌幅	456 ↓ ＋3（＋0.66%）（09/10/22　09:48）
開盤	448（09:00）
最高	459（09:47）
最低	446（09:00）
前日收盤	453（09/10/21）
成交量	2,776,000（09:48）
成交金額	1,256,567（千圓）
漲跌幅限制	373～533（09/10/22）
買賣單位	1,000

股價更新　自動更新 ON

委賣量	委託價	委買量
30,000	461	
61,000	460	
39,000	459	
16,000	458	
41,000	457	
	455	37,000
	454	37,000
	453	81,000
	452	58,000
	451	28,000

成交量只增加7萬5000股

盤勢基礎 3：
最小升降單位與漲停跌停

交易前要注意，不同個股的最小升降單位是什麼

在買賣股票的時候，可以指定的金額最小值稱為「最小升降單位」。「最小升降單位」又稱為「報價」，其單位固定如圖解 2-10 所示。

例如：若是 2000 圓以下，報價以 1 圓為單位，所以在下限價委託單時，就能指定 1999 圓。若是 2000 圓～3000 圓，則以 5 圓為單位，因此不能指定 2001 圓或 2002 圓，必須掛出 2005 圓、2010 圓這種限價才行。

此外，至 2009 年底，股價 2000 圓～3000 圓的報價，以 5 圓為單位，因此前文中，圖解 2-6 的軟體銀行最小值就是以 5 圓為單位。

賺錢有 3 大重點：獲利、損失與勝率

當沖交易經常會用到「一個最小升降單位即可回本」這種說法，意思是「以低於一個最小升降單位的價格買進的股票，只要價格漲到一個最小升降單位以上就要賣掉」。

現在，手續費遠比以前便宜，光是跳動一個最小升降單位就能

產生充分的利潤。實際上，持續以這種手法操作，也是一種廣為人知的操作手法（搶帽交易正是如此）。

只不過，雖說是一個最小升降單位即可回本，但是獲利空間會依出手的個股股價而有相當大的差異，必須多加注意。

舉例來說，請思考以下的範例。

假設有支股價100圓的股票，只要投入100萬圓，能買進1萬股。如果能在高於一個最小升降單位的101圓賣掉，便會產生1萬圓的利潤。倘若手續費如PART 1揭示的那樣，即使扣掉手續費，也能有充分的獲利。

然而，如果是股價1000圓的股票，就算投入100萬圓也只能買到1000股，若以高於一個最小升降單位的1001圓賣出，也只有1000圓的獲利。

這麼一來，再扣掉手續費，根本是收支兩平。萬一透過手續費比較貴的證券公司買賣，還會虧本。

換言之，如果是股價1000圓的股票，就必須下點工夫，將1%的獲利，亦即1010圓設定為明確的獲利目標。為了確保有更多的獲利，不要只顧著最小升降單位，而是要以相對於股價的比例、漲跌幅來思考比較好。

即使10戰9勝，要是在剩下的1敗失去所有的獲利就毫無意義。每一次交易的獲利與損失各為多少，以及與勝率之間的比例，綜觀全體才是累積財富的不二法門。

個股漲跌幅都一樣，但漲跌金額大不同

一般而言，所謂的股價，不會在一天內翻至兩、三倍的價格，反之亦然。

這是因為通常都是以前一天的收盤價為基準股價，再由此決定下一個營業日的漲跌幅。圖解 2-11 所提供的表格，顯示出基準股價與漲跌幅限制的關係。

買到漲跌幅限制的頂點稱為漲停、賣到漲跌幅限制的頂點稱為跌停。

以前文圖解 2-9 為大家介紹的明電舍為例，前一天的收盤價為 453 圓，漲跌幅限制為 373 ～ 533 圓。

如圖解 2-9 下方所示，當基準股價為 400 圓上下的時候，漲跌幅限制為正負 80 圓，若股價上漲到 533 圓即為漲停，當股價下跌到 373 圓即為跌停。

請特別注意，依據做為基準的股價，至漲停、跌停的漲跌幅可能會差非常多。

圖解2-10　最小升降單位

股價（以上～未滿）	最小升降單位	股價（以上～未滿）	最小升降單位
2000 日圓以下	1 日圓	3～5 萬日圓	50 日圓
2000～3000 日圓	5 日圓	5～30 萬日圓	100 日圓
3000～3 萬日圓	10 日圓	30～300 萬日圓	1000 日圓

圖解2-11　依據基準股價制定的漲跌幅限制

基準股價 （以上～未滿）	漲跌幅限制	基準股價 （以上～未滿）	漲跌幅限制
1～100 日圓	±30 日圓	1 萬～1 萬 5000 日圓	±3000 日圓
100～200 日圓	±50 日圓	1 萬 5000～2 萬日圓	±4000 日圓
200～500 日圓	±80 日圓	2～3 萬日圓	±5000 日圓
500～700 日圓	±100 日圓	3～5 萬日圓	±7000 日圓
700～1000 日圓	±150 日圓	5～7 萬日圓	±1 萬日圓
1000～1500 日圓	±300 日圓	7～10 萬日圓	±1 萬 5000 日圓
1500～2000 日圓	±400 日圓	10～15 萬日圓	±3 萬日圓
2000～3000 日圓	±500 日圓	15～20 萬日圓	±4 萬日圓
3000～5000 日圓	±700 日圓	20～30 萬日圓	±5 萬日圓
5000～7000 日圓	±1000 日圓	30～50 萬日圓	±7 萬日圓
7000～1 萬日圓	±1500 日圓	50～70 萬日圓	±10 萬日圓

專欄 2

大盤指數與期貨指數的連動關係

前文已經說過，日經平均指數是經由特別的算法，算出獲選的 225 家公司的平均值。這項商品還有期貨，稱為「日經平均期貨」，由大阪證券交易所等機構提供。

「正因為有日經平均指數，才有日經平均期貨」，但實際上，買賣現股的日經平均指數一般是在期貨的主導下波動。想即時觀察市場的投資人，最好別忘記要監視日經 225 期貨的動向。

全球最大的期貨交易所，是位於美國芝加哥的 CME（芝加哥商業交易所），日經平均期貨也在這裡進行交易。

早上的日經平均指數，幾乎都會貼近日經平均期貨在 CME 的收盤價。可以在「CME 日經平均期貨即時線圖」的官方網站（http://nikkei225jp.com/cme/）或樂天證券市場速度（期貨 OP 市況情報→日經 225 期貨）的畫面上看到。CME 的交易會進行到日本時間的清晨，所以不妨養成早上檢查 CME 的習慣。

此外，SGX（新加坡交易所）有提供日經平均期貨的交易，比起其他機構，成交量不算大，但是在日本市場的午休時間也會運作，不妨做為下半場開盤前的參考。

日經平均股價	9,770.31	-34.18	0.00%	13日收盤價
日經平均期貨 大證	9,750.00	-40.00	▼0.41%	15:10
日經平均期貨 大證（傍晚）	9,740.00	—	▼ %	11/13 20:00
日經平均期貨 SGX	9,770.00	＋15.00	▲0.15%	11/14 01:54
日經平均期貨 CME	9,785.00	＋5.00	▲0.05%	Nov 13
日經平均期貨 CME（￥）	9,775.00	0.00	0.00%	Nov 13

日經平均期貨 PIVOT
9920 HBOP
9870 S2
9810 S1
9760 PIVOT
9700 B1
9650 B2
9590 LBOP
9750.00 11/13 收盤價
9820.00 11/13 最高價
9710.00 11/13 最低價

PART 3

分析新聞資料,看穿玄機!

想要投資股票獲利,「分析線圖的能力」與「判讀新聞題材的能力」至關重要。在 PART 3 裡,將為大家介紹我用哪些線型與新聞題材,做為買賣指標。

新聞資料 1：
財報結算的基本常識

解讀消息造成的影響，就能正確預測股價

在投資的世界裡，經常可以聽到「買進題材（利多題材）」、「賣出題材（利空題材）」之類的說法。

買進題材指的是推升股價的新聞，反之，賣出題材則是指會讓股價下跌的新聞。

股價會隨著日夜的新聞報導劇烈地變動，那麼應該在什麼時機掌握新聞題材，以什麼方式解讀？對當沖交易而言至關重要。

最常出現的消息，來自財報與業績預測

在新聞題材中，最典型的、最頻繁提到的莫過於企業的「財報」。

所謂財報，是指一連串對企業的經營成績、財務狀況及其成果報告，讓投資人可以從中了解公司的情況。

以 3 月進行決算的豐田汽車為例，記載於左邊的日期是財務報告的公布日。（註：日本的會計年度為該年的 4 月 1 日至隔年的 3 月 30 日。）

2008 年 05 月 08 日　公布 2008 年度財務報告及 2009 年度 3 月期財
　　　　　　　　　　 務預測
2008 年 08 月 07 日　公布第 1 季財務報告
2008 年 11 月 06 日　公布第 2 季財務報告
2009 年 02 月 06 日　公布第 3 季財務報告
2009 年 05 月 08 日　公布 2009 年度財務報告及 2010 年度財務預測

　　大部分的上市公司,都會像這樣一年有四次的財務報告。

　　分別是每年發表一次去年業績如何的正式財務報告,以豐田為例,約在 5 月的第二週公布。再加上每隔 3 個月的季報表,公布那 3 個月的業績。此外,也有將 6 個月的業績彙總成期中財報,通常會在發表第 2 季財報的時候公布。

　　財務報表又分成單獨財務報表及合併財務報表這兩種。

　　所謂單獨財務報表,是指豐田汽車股份有限公司這家公司獨立的財務報表。

　　所謂合併財務報表,則是把豐田汽車的子公司業績,全部加總計算的財務報表。

　　當兩者同時公布的時候,基本上只要看合併財務報表即可。

不熟的個股要看財報,別冒進以免踩雷

　　可以將當沖交易與財報分開來看。因為當沖是以不把股票抱到隔天為基本原則,所以通常不會期待財報內容,也不會因此感到心跳一百。但也不能完全置身事外。

在公布財務報告之前，股價會基於對公布內容的期待或警戒，而產生不尋常的波動。尤其是在公布財務報告前就已公布業績預測的公司，在公布後向上修正或向下修正的情況，對股價影響最大。

還有，即使已經公布財務報告，第二天以後的股價也會劇烈地上下震盪。尤其是在公布財務報告到證券公司據此做績效排名之後，很容易形成一面倒的趨勢，對散戶投資人來說是絕佳的機會，千萬不要錯過。

此外，有些企業也會在盤中公布財務報告。股價會在公布財務報告的瞬間劇烈震盪。因此，最好在掌握當天會公布財務報告的情況下，持有該個股，以免被劇烈震盪的股價搞得不知所措。

口袋名單的財報公開日，務必事先查清楚

財務報告的公布時機是可以提前知道的，所以對於經常會操作的個股，最好事先查到公告日。

有很多網站都可以查到公告日，我推薦黃金線圖公司提供的服務。只要輸入公司名稱或股票代號，除了想知道的個股公告日之外，還能知道公布的時段，非常好用。

圖解 3-1 為該公司的網頁畫面。

財報發表預定檢索（黃金線圖公司）

http://www.opticast.co.jp/opt/market.htm?../cgi-bin/tm/kessan.cgi

（譯註：原文的網址已經找不到伺服器，以上是從ゴールデンチャート社的官網點進去找到的。）

PART **3** 分析新聞資料，看穿玄機！

圖解3-1　有助於了解財報公布時機的網站

圖解3-2　東京證券交易所的即時公開資訊觀測服務

除非你是箇中高手，否則別只看數字就進場

　　財務報告的內容會公布在東京證券交易所的官方網站上（網址為 https://www.release.tdnet.info/inbs/I_main_00.html）。（譯註：原文的網址已經找不到伺服器，以上是尋找「適時開示情報　サービス」得到的新網址，當然網頁長得跟圖解3-2略有不同。）

　　只要檢查公布在這裡的資訊，就能得到第一手資料，但是要在看到這些數字的瞬間，就判斷是要買還是賣，對於一般人來說是難如登天。

　　幾分鐘後，日本路透社等公司會將這些資訊整理成簡單易懂的新聞，傳送給各家證券公司，所以不妨看完那些新聞再開始交易。

　　由此可知，股價具有在公布財報前後劇烈震盪的傾向，不妨養成習慣，檢查每家公司發表的財務報告，事先累積財報知識。

新聞資料 2：
賺錢與否及業績預測

別只看盈虧，現實與預測的落差更重要

　　利用截至目前講述的方法，就能看出所謂的新聞題材。這些新聞題材會對股價造成什麼樣的影響呢？以下就帶大家認識基本的「買進題材」與「賣出題材」。

　　首先是與公司業績有關的題材。從長遠的眼光來看，股價會隨業績上上下下，因此這可說是最基本的新聞分析。

◆ 業績好壞

　　有人會這麼想：若企業的財務報告有盈餘就「買進」，出現虧損就「賣出」，但這是錯誤的想法。

　　對於各種媒體報導的數據，其實大多數投資人早已了然於心，所以它們不會對股價造成太大的影響。

　　大家要養成一個正確的想法：只要比事先預測的數字還好就買進，比預測的數字還差就賣出。

　　所謂的「預測」主要有兩種，一種是分析師的預測。大企業會事先公布分析師的預測（市場預測），如果業績比前述的預測還好，就能期待今後的股價會向上修正，將其視為「買進訊號」。另一種

則是企業本身公布的財務預測（業績預測）。

◆ 注意財務預測的落差

每一年會有一次，在公布年度財務報表的同時，也公布下一年度的營業額等預測。財務預測分成「期中財務預測」與「年度財務預測」兩種，而且長年以來，各個證券交易所都會要求企業發表業績預測。

最近，隨著景氣的變動愈來愈劇烈，基於難以預測業績的理由，不發表預測的企業也愈來愈多（但大部分的企業還是持續提供）。

舉例來說，倘若當季財報的營業額大幅超出一整年業績預測的25%，就會被視為「買進訊號」。

換句話說，即使有很多獲利，只要比事先預測的還差就要「賣出」，即使是虧損，只要優於事前預測，就可以「買進」，不妨特別留意。

◆ 注意財報預測的修正說明

一旦實際的財務報告比業績預測理想得多，企業就會對業績預測進行修正，在結算日的前幾天公布。因為業績很理想，把期中財務預測或年度財務預測往好的方向修正，稱為「向上修正」。

財務預測的向上修正是利多題材。尤以淨利及稅前淨利的向上修正最佳，若能向上修正到20%以上，就可視為非常好的題材。特別是在不景氣的時候，更能凸顯那些本業賺錢的好公司。反之，若財務預測「向下修正」，就被當成是利空題材。

基本上，可以想成「向上修正＝買進」、「向下修正＝賣出」，

但是考慮到利多或利空出盡，或者已反應過的可能性，股價也會發生反向波動。

新聞資料3：
券商評等

調降評等後股價不跌，券商可能偷偷買

各證券公司提出的評等（股價排行榜），也是對股價造成重大影響的因素之一，遠比企業提出的財務報告更能左右股價。

證券公司的評等分成「買進」、「中立」、「賣出」三階段，或「1（買進）」～「5（賣出）」五階段。當評等從「中立」變成「買進」，稱為「調升評等」。

調升評等的消息一出，該個股早上的動向將會不自然地飆漲，但是評等訊息流通到整個市場需要時間，一般投資人要等到證券公司的新聞刊登出這個消息後才會知道。要是因為沒有任何新聞就不小心賣空，當天可能會慘遭軋空，不可不慎。

調升評等的反義詞是「調降評等」，也就是將評等往下調控，屬於利空題材。此外，如果在低檔區調降評等，下跌的股價可能會形成底部，開始反彈。

無論是調升還是調降，在評等的變動公諸於世的瞬間，都會對股價造成相當大的影響，因此當沖交易者不能視而不見。不過，絕不能輕易相信眼前看到的事實。

受到業績公布的影響被調降評等為「賣出」的企業，很可能3

個月後，會像是什麼事也沒發生過，被調升評等為「買進」。不僅如此，給予「買進」評等的證券公司，有可能正在對該個股進行大量的融券賣出。

每家證券公司提供的評等具有不同的影響力，日本的野村證券、歐美的高盛（GS）和瑞士信貸（CS）等規模較大，對市場的影響力也比較強。

基本上，多半在企業公布業績隔天的幾天後進行評等，有時候沒有任何預兆，宛如天災般地突然進行評等。

◆ **目標價格的調升調降**

證券公司不只將個股排名，還設定所謂的「目標價格」。一旦宣布調升目標價格，會被市場視為「利多題材」。

數值比目前的股價愈高，帶來的衝擊愈大。通常會和調升評等一起進行，但如果已經是最高評等，就只會調升目標價格。此外，即使調升目標價格，若基於股價已在高檔區等理由而調降評等，則股價會下跌。評等的影響力比目標價格還大，需要特別留意。

當「調降目標價格」時，通常會伴隨著調降評等。

新聞資料 4：
影響供需平衡的因素

執行庫藏股，漲？現金增資，跌？得看……

　　股票市場不會只因為企業的業績而波動，在市場上流通的股票在發生大量的買進需求及賣出需求時，股價也會劇烈震盪。以下從「供需」的切入點，帶大家看利多題材、利空題材。

◆ 「執行庫藏股」與「現金增資」

　　買回自家公司的股票稱為「執行庫藏股」。一旦購買自家公司的股票，在市場上流通的股票就會減少，因此在執行買回庫藏股的期間，具有護盤的效果。

　　買回的股票就是「庫藏股」，由於不包含在已發行的股票總數中，細節就不特別說明，總之具有壓低 PER（本益比）的效果。

　　企業為了籌措資金，發行新的股票，讓投資人認購的行為「現金增資」，剛好是與執行庫藏股相反的意思。

　　因為股數增加，導致每股的價值下降，會發生所謂「稀釋股權」的狀況，就短期來看是相當糟糕的利空題材。

　　不過，投資人得正面看待那些想籌措資金，用來擴大事業的企業，他們會積極有效地運用增資而來的錢，這種企業會在發表現金

增資後或發行新股後，出現股價上漲的情況。

此外，若現金增資時的需求量較大，還會暫時向大股東借股票，以追加的方式賣股票，稱為「超額配售」。

◆ 發行 MSCB

MSCB 是「附帶轉換價格修正條款可轉換公司債（Moving Strike Convertible Bond）」的簡稱。

話說回來，CB 是指可以轉換成股票的公司債，經常用來作為上市企業的資金調度方法。一旦股價上漲，就轉換成股票賣掉；若股價不漲，就當成公司債賺取利息。

相對於此，MSCB 是「倘若股價下跌，轉換價格也會跟著下跌」的公司債。股價跌得愈慘，發行的股數就愈多，發行的公司和認購的人都能賺大錢，是一種有如魔法般的資金調度方法。

再加上設計成只有現有股東才會蒙受巨大損失的構造，所以請搞清楚，會讓股價一路跌到轉換價格下限的 MSCB，是非常恐怖的利空題材。

以當沖交易而言，發行 MSCB 的個股，會面臨沉重的賣壓。

◆ 被日經 225 納入的個股

日經平均指數並非永遠都是那些固定的個股，每年會有 1 至 2 次的洗牌。在洗牌的時期，該個股的股價會呈現劇烈震盪。

其原因在於，將日經平均指數組合在商品裡的指數型基金（操作目標為價格與日經平均指數或 TPOIX 等連動），會傾向買入被選中的個股，或傾向賣出被剔除的個股。

同樣地，升格為東證一部的個股會納入 TOPIX，所以會吸引指數型基金買入，進而推升股價。

新聞資料 5：
市場心理的蝴蝶效應

別懷疑！股價與現實也會背道而馳

最後為各位介紹「心理層面」的新聞題材。

股民的期待與不安的心理因素，或許不會立刻影響到業績，但可能對股價造成重大影響，不可不注意。

◆ 股民的期待

每個時期都有每個時期備受矚目的個股。

以 2009 年為例，電池等環境相關個股，或與新型流感有關的個股，就成為眾所矚目的焦點。

在這樣的情況下，有很多與業績沒什麼直接相關的題材，但隨著投資人對於未來愈來愈期待，股價也會同時不斷地攀升。

股價會與現在的業績脫勾，耐人尋味的是，當企業公布業績時，市場隨時都有可能恢復正常，股價也會回到原來該有的價位。

◆ 與大企業合作

兩家公司宣布合作的時候，基本上市場會認為是小公司的利多題材。因此，小公司的股價就會上漲。

倘若雙方都是大企業，只要對彼此都有利，雙方的股價就會連袂上漲。

◆ 發生意外、醜聞

公司一旦發生意外或醜聞，股價就會大幅滑落。不過，如果只是暫時性的問題，業績遲早會恢復，在恐慌性賣壓被市場消化掉之後，也能視為買進的機會。

◆ 發表 TOB（Take Over Bid）

所謂的 TOB（公開收購）是指，由不特定多數的股東不透過市場，以一定的價格購買股票的行為。

適用於收購該企業或母公司將子公司完全收歸旗下的時候。

當企業發表實施 TOB 的決定時，也會公布 TOB 價格，因此股價會向 TOB 價格靠攏。

在報紙等媒體報導預定 TOB 的消息，與懷疑是否會真的執行 TOB、打算利用 TOB 價格賺取利差的這段期間，股價比前一天大幅開高之後，就會像坐雲霄飛車般上下波動。

PART 3 分析新聞資料，看穿玄機！

技術分析１：
「上漲」的訊號

訊號不會單獨存在，配合市場面做判斷才保險

　　在前面的章節裡已經提到過新聞題材的判讀方法，接下來要為各位介紹分析線圖的手法。在從事當沖交易時，從趨勢來看第二天上漲的可能性比較大、還是下跌的可能性比較高，是非常重要的功課。我會從自己腦海中現有的知識，把最有效、最具有實踐性的方法介紹給大家。

　　當然，這些並不是絕對的指標，倘若整個市場面一片看好，買進指標（訊號）就變得有效；若整個市場面一片看壞，賣出指標（訊號）就變得有效。請記住，正式操作時需要進行綜合判斷。

　　那麼，想順勢操作的人，首先就從日線圖上讀取「買進」時機的技術開始吧。

看準 8 個上漲訊號，順勢操作準備進場

　　從線圖看出「股價接下來會上漲」的時候，只要買進，就很容易獲利。

　　就舉例以下的指標，你可以視為趨勢正逐漸從下跌轉向上漲

（①～③），也可以說出現明顯上升趨勢（④～⑧）。

換句話說，是可以買進的「訊號」。

藉由這些指標確認趨勢向上後，再鎖定 5 分鐘線圖也開始急漲的時機，或因為市場面的因素跳空開低又開始反彈的時機買進。

除此之外，你也可以運用預測第二天會出現這些續漲的訊號，於前一天事先買進布局。

那麼，以下就帶大家認識這八個買進訊號。

① **底部帶量的陽線**

在低檔區來來回回的股票，有一天突然變得很搶手，還出現帶

圖解3-3　「續漲」的訊號①～③

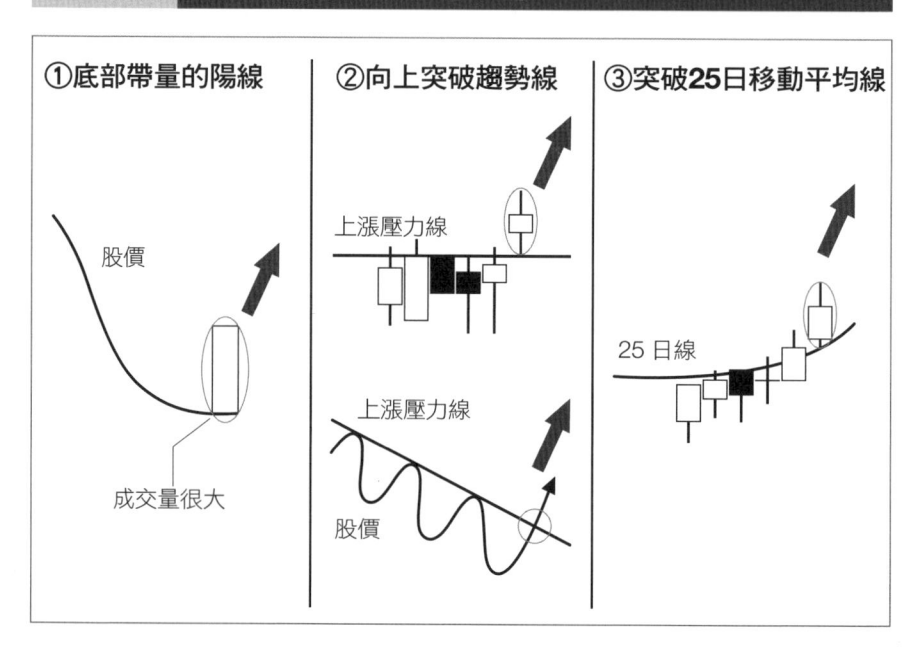

①底部帶量的陽線　　②向上突破趨勢線　　③突破25日移動平均線

量上漲的型態。

在上升趨勢的初期經常可以看到，因為不太需要擔心下跌，可以放心地買進，由於已經在底部，有很大的上漲空間。

不過，第二天也有可能會出現從開盤價下挫等狀況，因此需要一點時間才會開始真正地上漲，這件事請投資人格外注意。

② 向上突破趨勢線（上漲壓力線）

將日線上的每一個 K 線的高點，連起來所形成的趨勢線，該線扮演著壓力角色，只要能突破那條線，趨勢就會反轉，可以視為上升訊號。

③ 突破 25 日移動平均線

日線上出現好一陣子的低點後，當收盤價明確地突破 25 日線，就能預測即將轉換為上升趨勢。這是因為 5 日線突破 25 日線的黃金交叉已經近在眼前了。

這時先在 25 日線前橫向盤整一段時間，藉此蓄積動能也很重要，所以要觀察橫向盤整的程度。

若橫向盤整得不夠充分，或是 25 日線的趨勢依舊向下的話，就還存在著幾天內會跌破 25 日線，再次下探的可能性。

④ 兩階段上漲

第一次上漲後，經過幾天的橫向盤整，迎接第二次上漲的型態稱為「兩階段上漲」。

通常會在追上 5 日線的時候再次上漲，第二次上漲的結果會描

繪出一條宛如 5 日線般的漂亮線型。快的話，一般在第一次上漲的 2 個營業日後。慢的話，也會在 4 個營業日後就會迎來第二次上漲。基本策略是事先調查前一天急漲的個股，只要看起來有兩階段上漲的可能性，不妨順勢進場。

⑤ 向上突破價格壓力區（橫向盤整）

以一定的幅度橫向盤整好幾天，就會形成價格壓力區，若能一口氣突破價格壓力區，蓄積的動能就會向上釋放，視為「盤整向上」。

由於已經打好扎實的底部，風險比較小，可以大膽地買進。反之則為「盤整向下」。

⑥ 突破整數關卡

當收盤價突破整數關卡的情況，也可說是「買進訊號」。

扮演著整數關卡多半是 100 圓、200 圓、500 圓、1000 圓、2000 圓、5000 圓、1 萬圓等等。

只要利用過去的價格區間徹底打好底部，就能買得安心、放心追高。

有點類似後面會再提到的「碰到整數關卡」，請特別注意。

只要先在整數關卡底下橫向盤整一段時間，就會蓄積突破整數關卡的動能。假如沒有橫向盤整的期間或太短，就有可能只是碰到一下，無法突破整數關卡，馬上被打回原型的「碰到整數關卡」。

⑦ 突破上影線

一般會將帶量的長長上影線，視為從上升趨勢轉為下降趨勢的

PART 3 分析新聞資料，看穿玄機！

圖解3-4 「續漲」的訊號④～⑧

④兩階段上漲
5日線

⑤向上突破價格壓力區

⑥突破整數關卡
整數關卡

⑦突破上影線
上影線

⑧創下年初以來新高點
上次高點

89

轉捩點。不過，只要第二天以後能以強勁的力道突破這條上影線，就表示有強大的買盤在撐腰。

換句話說，視前一天的動向，這個「突破上影線」也能成為一種「買進」的訊號。

⑧ 創下年初以來新高點

創下年初以來新高點——亦即今年的最高價也是很重大的買入訊號。

一旦出現這種訊號，股價通常還會繼續上漲。

因為今年購買這支股票的人都沒有帳面虧損，所以買方也會變得信心堅強。

必須注意的一點是，以上所舉的指標中，⑥～⑧發生在股價的高檔區，所以風險也很大，請一定要格外慎重。

技術分析2：「下跌」的訊號

揪出 5 個下跌訊號，再放空單

接下來，帶大家觀察顯示趨勢往下走的指標。

雖然這些指標不能當成買進指標，但如果這些指標出現在前一天，盤中（開盤與收盤之間）一陣拉扯之後就是賣空的時機。一旦破底，可以從開盤的瞬間就發動攻勢。這也是下降趨勢中逆勢買進的前提條件，從這個角度來說，考慮「低點才是買點」這種逆勢操作的人不妨學起來。

① 跌破 5 日移動平均線

當收盤價低於 5 日線，是典型的「下跌」訊號。

不過，如果只是跌破「上漲趨勢」的 5 日線，別太相信而立刻賣空，因為還是有隨時反彈的可能性。因此，賣空的最好時機是等到 5 日線轉為下跌趨勢後再進場，比較不容易失敗。

② 跌破 25 日移動平均線

當收盤價低於 25 日線，是典型的「下跌」訊號。

過了幾天，如果 25 日線開始向下反轉，就可以判斷趨勢確實往

下走。請把第二天當成賣空的機會,耐心地等待機會。

③ 破底

股價從過去認為是底部的地方繼續下探的情況,稱為「破底」。

一旦破底,由於投資人認為是底部的地方都不是底部,驚慌失措的投資人會瘋狂拋售,股價幾乎會一口氣重挫。

就我的經驗來說,真正的底部多半都會帶量。

如果許多人搶著要賣,會變成恐慌性拋售(出現大量賣單、價格劇烈下跌的狀況),直到過幾天止跌之後,比較容易反彈。

基本上,不妨這樣想:「有量才是底。」相反地,必須注意沒什麼成交量的「破底」。

即使線圖上看起來像是底部,也可能繼續破底,接下來出現看

圖解3-5　「下跌」的訊號①～③

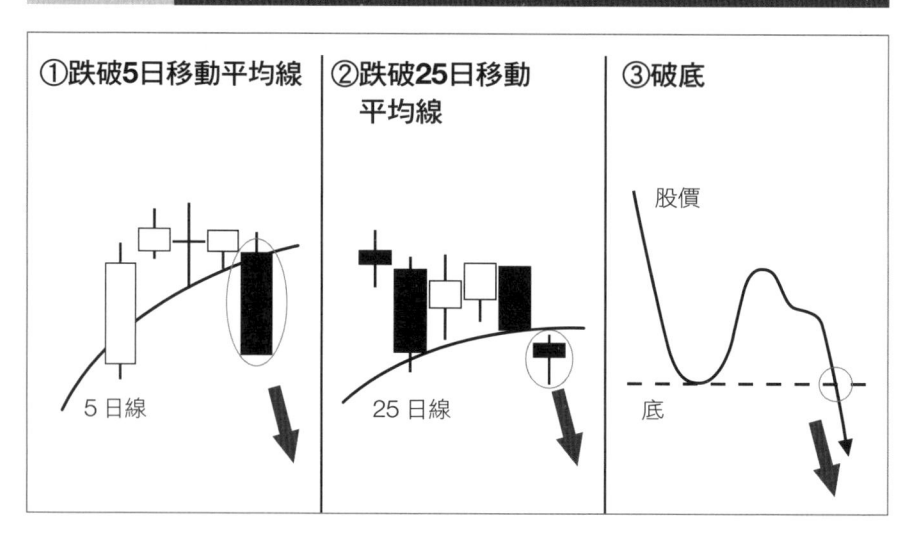

①跌破5日移動平均線

②跌破25日移動平均線

③破底

PART 3 分析新聞資料，看穿玄機！

起來像是底部的底部，卻繼續破底的現象，稱為「底部快到了的騙局」。各位也要千萬小心。

④ **帶量的長長上影線**

在高檔區若出現帶量的長長上影線，表示截至目前的上升趨勢即將轉成下降趨勢。

這點在「買進」訊號的章節已經介紹過。

⑤ **雙頂（double top）成形**

由股價二度跳到同一個高點所形成的線圖，稱為「雙頂（double top）」。

稍後會介紹名為雙底（double bottom）的相反線圖型態，那表示截至目前的上升趨勢逐漸轉成下降趨勢。

圖解3-6　「下跌」的訊號④～⑤

④帶量的長長上影線

長長的上影線

⑤雙頂成形

93

技術分析 3：
「反轉」的訊號

判讀 7 個反轉訊號，買在低點

以下為「想在股價下跌的時候買進」的逆勢操作的人，介紹股價在下跌趨勢時要開始反轉的訊號。

① 下探 25 日線

意指至今上漲的個股進入正式的橫向盤整後，碰到位於下方的 25 日線。尤其是距離上次碰到已經很久的話，25 日線將具有非常強力的支撐作用。

不妨將其視為最典型的反彈型態。

② 填補完缺口

一旦填補完日線圖上跳空的下方缺口，就會成為反轉的契機。換言之，「填補完缺口」也是典型的反彈型態。

看起來雖然是很不可思議的現象，但是當股價跌到靠近位於下方的缺口時，就會產生「缺口一定會填滿」的意識。

這麼一來，賣方會認為「要在填滿缺口前賣掉」，買方則是產生「等到填滿缺口後才買」的念頭。

PART 3 分析新聞資料，看穿玄機！

股價之所以會反彈，似乎就是因為雙方都會得到填滿缺口的成就感。

③ **下跌到價格壓力區**

亦即從價格壓力區「盤整向上」的個股，又跌到價格壓力區的時候。如前所述，位於下方的價格壓力區具有牢不可破的支撐作用，買氣再強一點，反彈的可能性就很大。

④ **兩階段下跌之後**

與兩階段上漲一樣，股價在下跌的時候也會分成兩階段下跌，稱為「兩階段下跌」。

圖解3-7　「反彈」的訊號①～③

①下探25日線　②填補完缺口　③下跌到價格壓力區

在第一次的下跌後,想搶反彈的人會覺得很便宜,而第一時間跳進去買,於是股價暫時停止下跌。不過,這種人多半沒有耐心,通常一上漲就要賣掉,所以股價不會再次扶搖直上。其中一部分買家會對高檔的壓力死心,而開始賣出,於是股價又跟著下跌。之所以形成兩階段下跌,就是因為看到股價下跌的人會連忙跟進。

由於沒耐心的人已經放手,兩階段下跌的底部通常都會發生明確的反彈,對於逆勢操作的人來說是好機會。

⑤ **下跌的速度一天快過一天,且成交量大增**

我非常不建議在持續收低的情況下,「差不多該止跌了」這種不經大腦買在開盤價的行為。

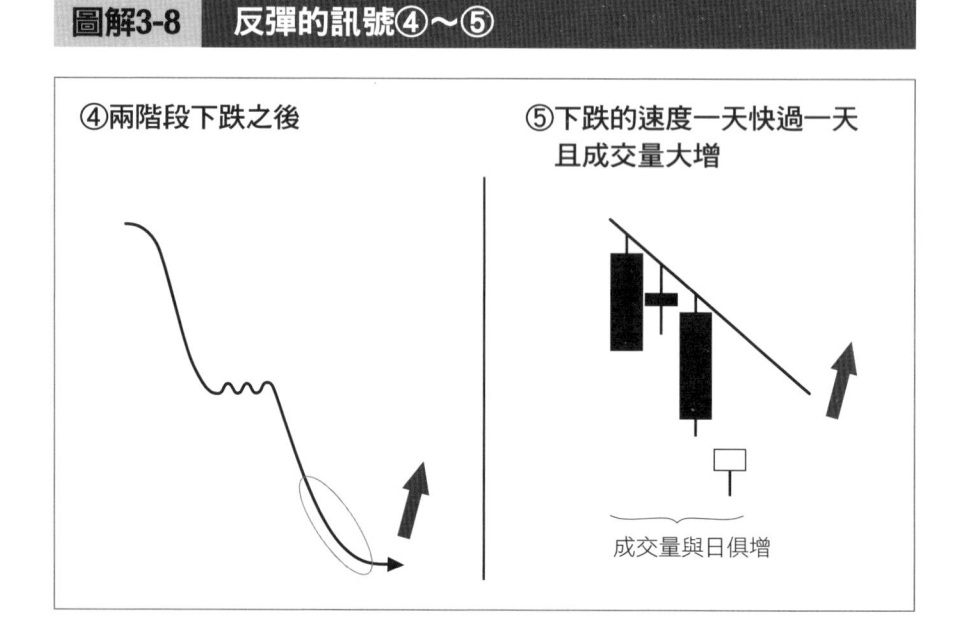

圖解3-8　反彈的訊號④～⑤

④兩階段下跌之後

⑤下跌的速度一天快過一天且成交量大增

成交量與日俱增

PART 3 分析新聞資料,看穿玄機!

不過,如果下跌的速度一天快過一天,成交量也同樣大增的話,顯然恐慌性賣壓已快到盡頭。不妨觀察上半場的成交值與股價波動,為了可以進場購買,請事先檢查下半場以後的反轉。可以利用中午休息時間確認狀況,所以推薦給無法整天盯盤的人。這種機會經常會出現在破底後。

⑥急跌後突破整數關卡

股價急跌時,若跌破整數關卡,是買進的大好機會。跌破整數關卡、再加上確認接下來沒什麼人賣出之後,股價大幅反彈的例子屢見不鮮。股價暴跌的速度愈快,反彈的可能性及其力道也愈大。

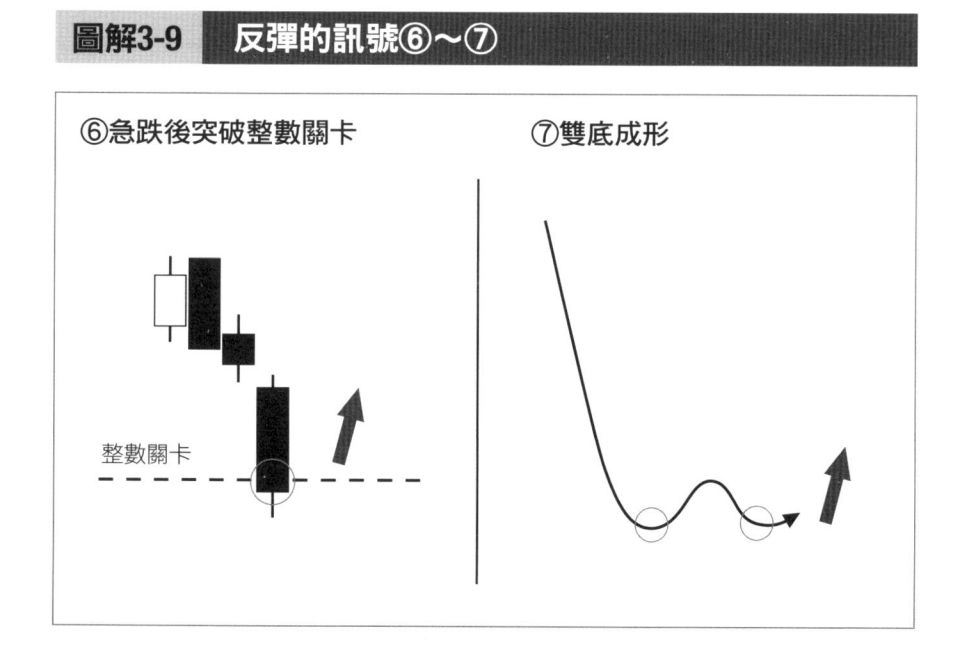

圖解3-9　反彈的訊號⑥～⑦

⑥急跌後突破整數關卡　　⑦雙底成形

整數關卡

不過，即使突破整數關卡，若股價仍然跌跌不休，就會蒙受巨大的損失，所以千萬要記得這是一種高風險、高報酬的行為。

⑦ 雙底（double bottom）成形

一度築底反彈的股價又跌到上一次的底部附近，從那個價位再度反彈的情況，稱為「雙底」（double bottom），可視為「反彈」的訊號。如同「腳踏實地」這句話的意思，一旦確認底部，買起來也比較放心。這時的線圖會形成 W 的形狀。由於從低點兩次反彈，其價格區間被認為是目前的底部。

此外，存在著碰到三次底部的所謂「三底（triple bottom）」，是更明確的底部指標。

當日策略1：
「買進」的時機

這5個訊號一出現，就是做多進場時間點

　　這麼一來，就知道該如何利用線圖進行技術分析。

　　那麼，要怎麼運用技術分析的結果，找出買進的時機與賣出的時機呢？

　　接下來，將利用之前介紹過日線圖上的型態，一面觀察當天的日線圖，思考該做出什麼樣的投資判斷。

　　首先從典型的「買進」訊號為大家做說明。基本的策略是在盤中確認過後，再買進即可。

① **前一天急漲的個股因市場面影響跳空開低（市場面的下跌）**

　　股價在前一天急漲的個股，第二天因為整個股票市場的市場面影響，以跳空開低的方式開盤時，就是典型的「買進」型態。

　　這時，你需要相當大的勇氣，因為這機會多半都能順利地賺到錢。看你是要在開盤時買進，還是在開盤以後買進也行，總之，只要確認不會再繼續下跌才買即可。

　　如果順利，股價會從跳空開低的瞬間急漲，短時間內就能獲得巨大的利益。

不過，倘若股價沒有馬上上漲，就要趕快撤退。因為這種操作方式存在著「開盤價是當天的最高價，接下來一路緩步下跌」的風險。

② **至今仍疲弱的個股，因市場面影響而跳空開低且繼續下跌**

截至前一天為止都沒有缺口且持續下跌的個股，受到市場面影響而跳空開低，在開盤留下很大的缺口時，就是買進的型態。比起購買至今一直上漲的個股，這種股票下跌的風險比較小，經常可以看到在市場面不佳的情況下逆風高飛的型態。

還有一點必須注意，那就是一定要在市場面影響跳空開低時執行，因為個別要素導致跳空開低的前提條件，與此大不相同（例如個股醜聞），所以不能拿來套用。

③ **下探 5 日線**

以逆勢操作為基本策略時，最常使用的策略就是「下探 5 日線」。這意指原本急漲的股價一時下跌，碰到位在下方的 5 日線。不妨用已經說明過的暫定 5 日線來思考。

④ **填補與前一天 K 線的缺口**

在當天開盤跳空開高後，股價一度回跌，填滿與前一天最高價的缺口，或是跳空開低後，股價一度反彈，填滿與前一天最低價的缺口，這種情況經常發生。

這是絕佳的交易機會，雖然會受到市場面或題材的影響而變動，不妨將其視為當沖交易的基本策略。

⑤ **突破整數關卡**

前面已經說過日線圖的「突破整數關卡」是續漲的訊號。同樣地，若在盤中突破整數關卡，投資人也應該立刻「買進」。

不過要注意的是，因為抵達整數關卡之後開始下跌到「碰到整數關卡」也是很常見的現象。一路急漲的個股尤其具有這方面的傾向。

無論如何，買方與賣方會在整數關卡的地方展開攻防戰，所以最好不要馬上出手，遊刃有餘地觀察一下情況也不錯。

當日策略 2：
「放空」的時機

不妙的 4 個訊號，可以放心做空

接著，帶大家思考「賣空」的時機。倘若當天的 K 線呈現以下的型態，就可以尋找是不是要進場賣空的機會。

① 碰到 5 日線（上探 5 日線）

關於移動平均線的重要性，前文已經說過好幾遍。由於具有壓力線的功能，將接觸到的瞬間視為賣出時機，是很正確的判斷。

首先，碰到 5 日線時就是其典型，也就是由下方上升，碰到 5 日移動平均線的情況。請用已經說明過的暫定 5 日線來操作。

當該個股在日線圖上具有下跌傾向時，將發揮更大的威力。

② 碰到 25 日線（上探 25 日線）

以上理論也適用於 25 日線。

從低點開始上漲的個股，碰到位於上方的 25 日移動平均線時，就可以嘗試賣空。

由於 25 日線做為上漲壓力線的作用很強，如果那天是第一次碰到，有很大的機率會停止上漲。倘若 25 日線的方向往下，其精準度

將會更高。

③ 急漲後繼續跳空上漲（缺口很大）

這意指過去在上漲的過程中不曾有過缺口的個股，開始以很大的缺口跳空開高的時候。

開盤價當然會落在相當高的價位，但在開盤後，因為股價一路上漲，投資人反而得提高警覺，並且要意識到股價會填補缺口，導致漲不上去，轉而持續下跌。

開盤之後的 20 分鐘左右，是賣空最有效的時機。

④ 碰到整數關卡

即使趨勢一面倒，股價不斷攀升時，「碰到整數關卡」仍具有很大的壓力，阻止股價上漲。100 圓、200 圓、500 圓、1000 圓、2000 圓、5000 圓、1 萬圓，會發揮整數關卡的作用，這點在前文已經講過。

請把它與「突破整數關卡」的差異放在心裡，試著賣空吧。

當日策略 3：
「退場」的時機

設定停利與停損，以漲跌幅及壓力線為基準

　　截至目前說的，都是關於買進或賣空這種「進場」的訊號。但不管是當沖交易，還是波段交易，習慣以後便能逐漸掌握「進場」的時機，接著會開始迷惘，什麼時候要結束交易，也就是掌握「退場」的時機。

　　請不要想得太天真，絕不是只要在終場收盤時退場就好。

　　不只是當沖交易，每個人對於退場的時機都有一套不同的想法。第一種狀況是，獲利空間小一點也沒關係，這種投資人，只要提高勝率且頻繁地進出就可以。另一種狀況是，雖然勝率比較低，但只要每次的獲利空間夠大即可，這種投資人，會一直拖到最後一刻才出場。由此可見退場的時機會依各自的投資風格而異。

　　這裡最需要提醒的一件事，就是請投資人要建立自己的「退場」紀律。

　　以下便以我正在操作的手法為主，介紹給大家。購買的股票一如預期地上漲，進行「獲利了結」是最理想的退場型態。

　　一般而言，做為獲利了結的紀律，會把股價的變動、上漲的比率、上漲壓力線等趨勢線視為判斷的標準。具體來說，以「漲不上

去就賣掉」、「漲1%就賣掉」、「漲到這個價位就賣掉」最為常見。

也可以把先前所述的賣空時機，運用在買進部位獲利了結，所以請學起來。當購買的股票不如預期，股價下跌的時候，「認賠賣出」也是一種退場型態。

停損的紀律與獲利了結的情況相反，但是以股價變動及下跌的比率、趨勢線為標準這點是一模一樣的。舉例來說：

「跌1%就賣掉」。

「跌破這條壓力線就賣掉」。

「跌到這個價位就賣掉」。

等等都是可以考慮的紀律。

設定見好就收的撤退條件，降低交易風險

抱持長期持有心態的投資人，會把預測變成期待，可能會失去正常的判斷。如果有獲利還好，但是大部分的情況都會因為看不清事實而蒙受損失。

因此，即使是既沒有獲利，也沒有損失，還處於損益兩平的狀態，也得及早進行「見好就收」策略。

相反地，如果想要繼續持有，也可以把跌破5根線、跌破25根線等等視為撤退條件。這點與各位建立了什麼樣的投資紀律密切相關，建立富有彈性的退場紀律，然後確實地遵守，可以說是非常重要的一件事。

此外，推薦給希望降低風險的人，也可以採取並非一次就把所有持股賣掉，而是先獲利了結一半，剩下的再抱一陣子的手法。

專欄 3

攤平不是禁忌，有紀律執行就可以

　　當已買的股票下跌時，用比較便宜的價格再買一次的行為稱為「攤平」。攤平的優點在於壓低平均購買單價，即使無法回到最初購買的價位，只要在股價漲到一定程度時賣掉，便不會蒙受損失。

　　另一方面，攤平最可怕的地方在於，若股價不僅沒有反彈，還繼續下跌，損失會倍增。事實上，很多投資人視攤平為禁忌的手法，各位也仔細想想，是否應該將它加到自己的紀律裡。

　　順帶一提，我規定自己只能攤平一次，並配合執行的時機，設定停損點。

　　上述的攤平也可以應用在當沖交易，只要不搞錯重點，便能成為有效的手法。如果當天確實有反彈的可能性，攤平能創造出極大的成果。

　　然而，萬一如右圖所示，賣單在漲跌幅限制的下限傾巢而出，變成「跌停鎖死」的局面，當沖交易者也只能舉手投降。

　　身為當沖交易者，不應一直持有部位到漲跌幅限制的上下限，必須提醒自己趕快停損。

PART 3　分析新聞資料，看穿玄機！

Cybozu（4776）東證	
現值 漲跌幅	44,150 ↓ -4,000（-8.31%）（09/10/22　12:38）
開盤	48,200（09:00）
最高	51,900（09:03）
最低	44,150（10:14）
前日收盤	48,150（09/10/21）
成交量	14,586（12:38）
成交金額	677.763（千圓）
漲跌幅限制	44,150～52,200（09/10/22）
買賣單位	1

股價更新　自動更新 ON

委賣量	委託價	委買量
70	44,500	
20	44,400	
3	44,300	
155	44,200	
2,785　特	44,150	
	44,150	261
	-	
	-	
	-	

107

PART 4

用 36 個線圖日記，
　　　傳你絕技！

在摸索中鍛鍊買賣判斷，是最理想的方式。在 PART 4 裡，將介紹實際在市場上看到的 36 個線圖型態。各位不妨描繪出自己的劇本，再對照 PART 6 解說的線圖型態。

把握哪4個重點，就能判讀當沖買賣關鍵

在 PART 4 裡，終於要進入希望各位實際練習解題的線圖問題。當沖交易採取的策略是：

A 截至前一天的線圖。

B 新聞題材。

C 市場面。

D 買賣之間的供需。

至於 D 的供需，幾乎都是由另外三個要素創造出來的，所以本書只把 A～C 這三個要素當成判斷材料。因此，各個問題如圖解 4-1 所示，都是環環相扣的。

請各位先看完題目，理解問題的用意。接著，判讀「線圖」，與寫在下面的「新聞題材」和「市場面」的判斷材料，預測該個股當天的漲跌，試著描繪出自己的投資策略。

問題不只上漲，也包括大幅度下跌的情況。另外，在難以判斷的狀況下，可以選擇不要「進場」比較好。

這麼一來，「買進」、「賣空」、「靜觀其變」就會形成回答的基本架構。

「這個題材會上漲，所以應該『買進』」。

「截至前一天的行情都不好，所以應該『賣空』」。

PART 4　用 36 個線圖日記，傳你絕技！

「這個訊號不強，所以應該『靜觀其變』」。

請明確地確認自己想怎麼操作。

另外，本書最後會提供解答與解說。頁數就印在問題篇的下面，所以請互為參照。

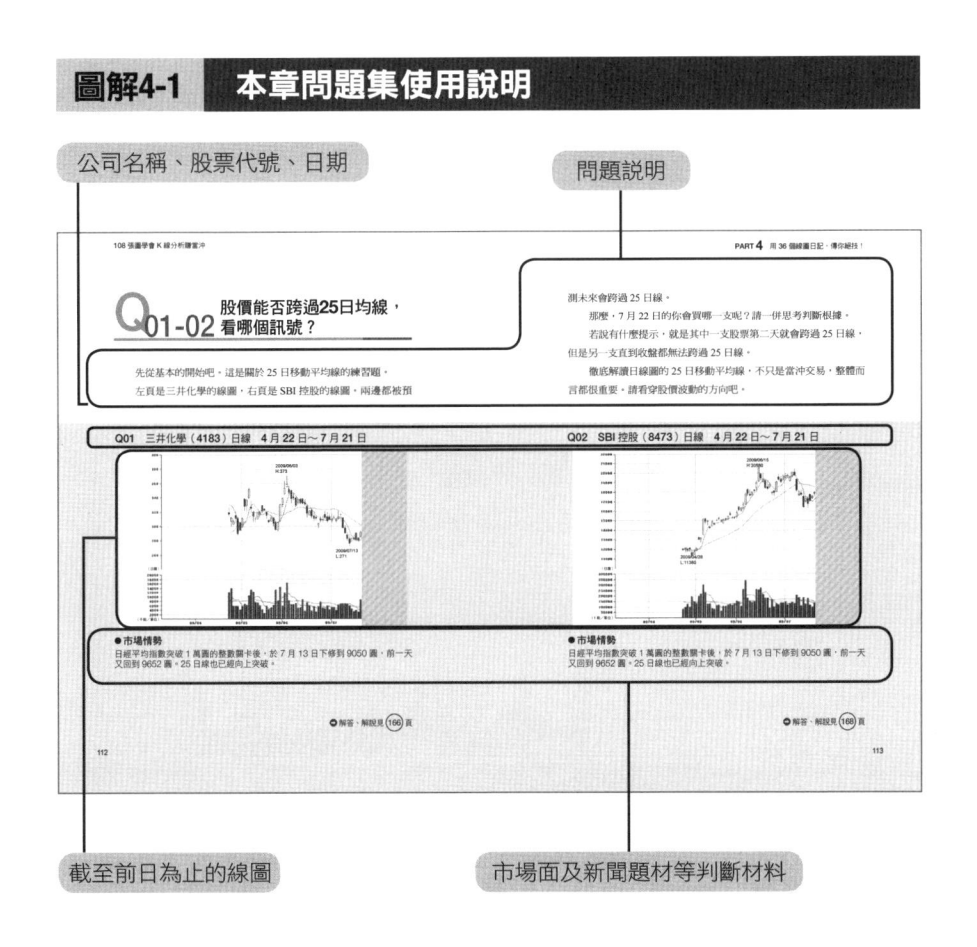

圖解4-1　本章問題集使用說明

公司名稱、股票代號、日期

問題說明

截至前日為止的線圖

市場面及新聞題材等判斷材料

111

108 張圖學會 K 線分析賺當沖

Q01-02 股價能否跨過25日均線，看哪個訊號？

先從基本的開始吧。這是關於 25 日移動平均線的練習題。

左頁是三井化學的線圖，右頁是 SBI 控股的線圖。兩邊都被預

Q01　三井化學（4183）日線　4 月 22 日～7 月 21 日

● **市場情勢**

日經平均指數突破 1 萬圓的整數關卡後，於 7 月 13 日下修到 9050 圓，前一天又回到 9652 圓。25 日線也已經向上突破。

➡ 解答、解說見 (166) 頁

112

PART **4** 用 36 個線圖日記，傳你絕技！

測未來會跨過 25 日線。

那麼，7 月 22 日的你會買哪一支呢？請一併思考判斷根據。

若說有什麼提示，就是其中一支股票第二天就會跨過 25 日線，但是另一支直到收盤都無法跨過 25 日線。

徹底解讀日線圖的 25 日移動平均線，不只是當沖交易，整體而言都很重要。請看穿股價波動的方向吧。

Q02　SBI 控股（8473）日線　4 月 22 日～7 月 21 日

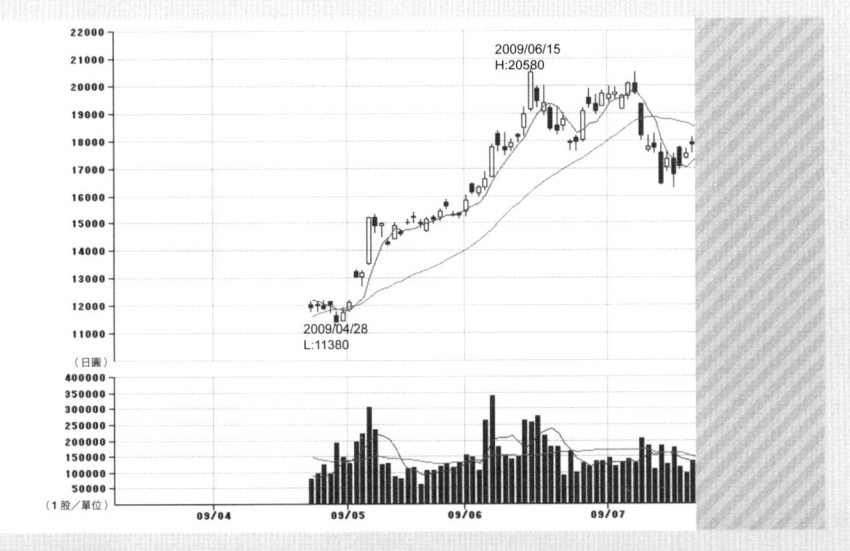

● **市場情勢**

日經平均指數突破 1 萬圓的整數關卡後，於 7 月 13 日下修到 9050 圓，前一天又回到 9652 圓。25 日線也已經向上突破。

● 解答、解說見 **168** 頁

113

Q03-04 股價跨過25日均線，有沒有續漲動能？

再來請試著思考跨過 25 日移動平均線之後的事。
左頁是美子美電機的線圖，右頁是佳能的線圖。

Q03　美子美電機（6767）日線　4 月 22 日～7 月 21 日

● **市場的情勢**
日經平均指數壓回到 1 萬圓，開始打底。

➲ 解答、解說見 170 頁

PART 4 用36個線圖日記，傳你絕技！

　　兩者都已經跨過 25 日線，對於當沖交易者來說，是很值得注意的線圖。

　　雖然已跨過 25 日線，但如果以為「第二天應該會上漲，所以是買進的時機」，就大錯特錯。請試著預測這兩支股價第二天會怎麼波動。若說有什麼提示，由於近來沒有什麼重大的題材，重點在於要從日線圖感受到個股的動能。

Q04　佳能（7751）日線　4月22日～7月21日

● **最近的題材**
7 月底會公布期中財務報表。

● **市場的情勢**
日經平均指數壓回到 1 萬圓，開始打底。

➡ 解答、解說見 172 頁

Q05-06 橫向盤整後，怎麼判斷會上漲還是下跌？

這次要練習「橫向盤整」的線圖。分別為大家介紹，在下跌的底部橫向盤整的個股，以及大幅上漲依舊橫向盤整的個股。左頁的

Q05　本田技研工業（7267）日線　4月8日～7月7日

● **市場的情勢**

日經平均指數自3天前跌破25日線以後，市場面就不太好，受到美國股市疲軟的影響，可以確定會有大幅度的跳空下跌。

➔ 解答、解說見 174 頁

PART 4　用 36 個線圖日記，傳你絕技！

本田技研自從跳空跌破 25 日線以後，就一直在 2600 圓附近徘徊，是典型的在下跌底部橫向盤整的型態。

另一方面，右頁的 JFE 控股在 5 天前跨過 25 日線以後，股價就一去不回頭，這 3 天都在 3300 圓一帶橫向盤整，這是在高點的橫向盤整型態。請預測這兩支股票第二天的股價波動，試著描繪出當沖交易的策略。

Q06　JEF 控股（5411）日線　4 月 30 日～7 月 27 日

● **最近的題材**

6 月的粗鋼產量比上個月增加 6%，連續 3 個月增加（7 月 21 日）。24 日的日經早報上，刊登出 4～6 月虧損了 600 億圓左右的報導。

● **市場的情勢**

日經平均指數經過 2 次調整，剛達到今年第 3 次的 1 萬圓大關，整體的力道強勁。

➡ 解答、解說見 176 頁

Q07-08 破底或兩階段上漲後，線圖會怎麼動？

這次要帶大家學習「破底」與「兩階段上漲」這兩種線圖型態。左頁的商船三井，因為海運業界的類股整體積弱不振而破底，

Q07　商船三井（9104）日線　4月8日～7月7日

● **最近的題材**
與海運股波動關係緊密的波羅的海綜合指數（航運業的散裝原物料國際運費指標），在6月18日創下高點後就持續下挫。

● **市場的情勢**
日經平均指數自3天前跌破25日線以後，市場面就不太好，受到美國股市疲軟的影響，第二天想必會大幅度地跳空開低。

→ 解答、解說見 178 頁

PART **4**　用 36 個線圖日記，傳你絕技！

然後投資人又加速拋售。第二天受到美國市場的影響，應該會跳空開高。

　　另一方面，右頁的奧林巴斯在完成兩階段上漲後沒多久，又突破 2600 圓大關。再加上美國股市的活絡和利多題材，第二天想必會大幅度地跳空開高。請預測這兩支股票第二天的股價波動，以及該用什麼心態面對市場。

Q08　奧林巴斯（7733）日線　4月30日～7月30日

● 最近的題材
根據 31 日的日經新聞朝刊報導指出，隨著業績恢復，4～9月期的業績向上修正的可能性很大。

● 市場的情勢
日經平均指數於前 4 個營業日在 1 萬 200 圓大關前橫向盤整，但是受到美國市場活絡的影響，第二天應該會跳空開高。

解答、解說見 180 頁

119

Q09-10 填補缺口或趨勢反轉後，線圖會怎麼動？

這次要挑戰的問題是：填補完日線圖上的缺口之後的動向，以及從高檔區橫向盤整反轉的動態。左頁是日本菸草產業的線圖，右

Q09　日本菸草產業（2914）日線　4月27日～7月25日

```
2009/06/15
H:328000

2009/05/07
L:227000
```

● 最近的題材
為了強化調度菸草的基本盤，宣布買下巴西的菸草供應公司。

● 市場的情勢
日經平均指數於13日在9050圓打底後，在前一個營業日，也就是24日上漲到9950圓。27日可能會從超過1萬圓開始。

▶ 解答、解說見 (182) 頁

PART 4　用36個線圖日記，傳你絕技！

頁是日本板硝子的線圖。

　　日本菸草產業最近與日經平均指數的走強相反，持續下跌，但是前一天終於填滿 5 個半月的缺口，第二天受到市場面的影響，可能會跳空開高。日本板硝子前幾天剛宣布，董事長錢伯斯因家庭因素辭職。光是持續在高檔區橫向盤整，就有可能趨勢反轉。請預測這兩支股票第二天的股價波動，試著描繪出第二天的投資劇本。

Q10　日本板硝子（5202）日線　5 月 27 日～8 月 27 日

● **最近的題材**
錢伯斯董事長宣布辭職（26 日收盤後）。據專家所說，影響甚鉅。此外，瑞士信貸集團提高其目標價格。

● **市場的情勢**
日經平均指數 26 日以今年的最高價 1 萬 639 圓作收。然而，27 日可能會跳空開低。

➲ 解答、解說見 184 頁

Q11-12 出現利多後馬上向上跳空，該如何進攻？

那麼，接下來為了讓大家練習更現實的線圖分析，再加入一點具體的新聞題材吧。首先是出現非常強烈的利多題材的案例。

Q11　三菱麗陽（3404）日線　5月8日～8月7日

● 最近的題材

10日的日經新聞朝刊指出，三菱化學控股有意藉由公開收購買下三菱麗陽，將其完全子公司化，力圖在今年內達成共識。收購規模為1500～2000億圓（8月10日早上）。

2009年9月的期中合併財務預測向下修正，營業損益由15億圓的淨利變成46億圓的淨損，本期損益由5億圓的虧損變成70億圓的虧損（7日收盤後）。

➡ 解答、解說見 (186) 頁

PART **4** 用 36 個線圖日記，傳你絕技！

　　左頁是三菱麗陽截至公開收購見報前一天的線圖。

　　右頁則是消費者金融公司 AIFUL 的線圖。是截至證券公司提升評等前一天的線型。

　　一大早就出現這種利多題材的話，開盤前就有大量的買盤湧入，肯定會大大地跳空開高（漲幅超過前一天的 10% 左右）。

　　請預測這兩支股票第二天的股價會如何波動，建立投資策略。

Q12　AIFUL（8515）日線　3 月 30 日～6 月 29 日

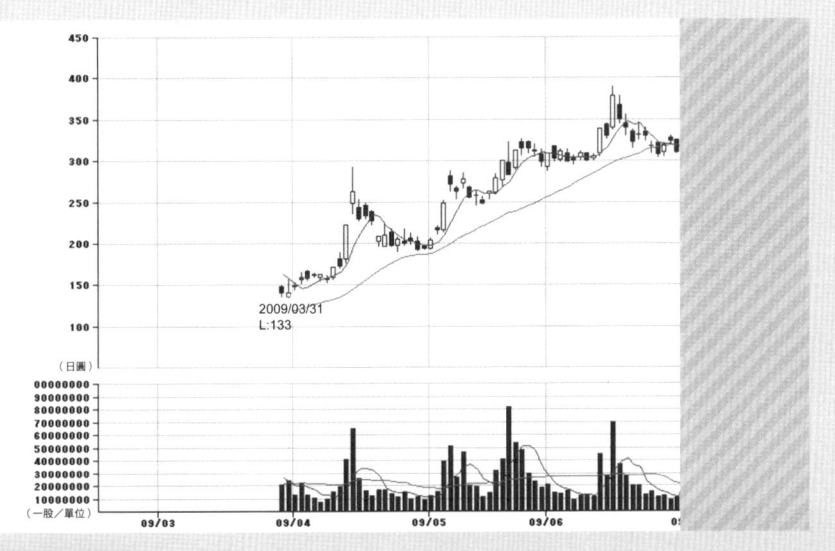

● **最近的題材**
高盛將目標價格從 270 圓（中立）上修到 580 圓（買進）（前一天的收盤價為 310 圓）（6 月 30 日早上）。

● **市場的情勢**
日經平均指數自 6 月中突破 1 萬圓以後，調整到 9500 圓附近，再度挑戰 1 萬圓大關。

➡ 解答、解說見 (188) 頁

Q13-14 出現利多後卻向下跳空，該如何處理？

接著帶大家練習出現利多題材後的跳空開低。因利多題材急漲後，受到市場面的影響，有時候會以跳空下跌的方式開盤。左頁是

Q13　富士軟片控股（4901）日線　4月3日～7月2日

● 最近的題材
瑞穗證券於6月30日將投資判斷由「3」調整為「1」，將目標價格上修到5000圓。

● 市場的情勢
日經平均指數到達1萬圓以後，形成第二次的天花板，前一天跌破25日線後，股價來到9900圓一帶。第二天應該會跳空開低。

➡ 解答、解說見 190 頁

PART 4 用 36 個線圖日記，傳你絕技！

富士軟片的線圖。這支股票因為有證券公司公布了調升評等的消息，前幾天一路飆漲。右頁是三菱重工的線圖。這家公司前幾天宣布進軍鋰電池事業。目前眾所矚目的油電混合動力車用的正是鋰電池，因此是非常具有未來性的事業領域。受到全球股市的影響，第二天的市場面不是太好，所以兩支股票肯定都會以跳空開低的方式開盤。請預測之後的波動，試著描繪第二天的劇本。

Q14　三菱重工業（7011）日線　5月27日～8月26日

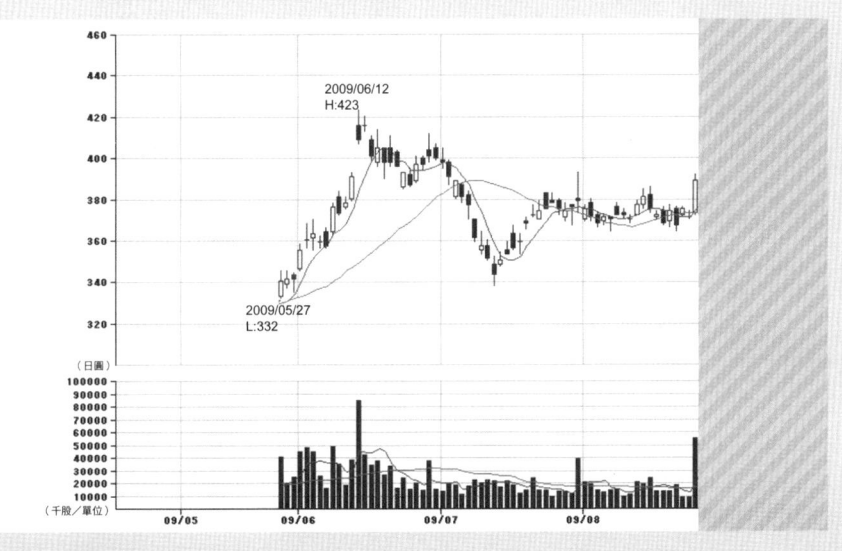

● **最近的題材**
8月26日宣布進軍大容量鋰電池事業，並以2013年開始量產為目標。

● **市場的情勢**
日經平均指數上漲到1萬600圓後，壓回到1萬140圓附近，目前正回到1萬500圓。第二天肯定會跳空開低。

➡ 解答、解說見 192 頁

125

108 張圖學會 K 線分析賺當沖

Q15-16 公布業績及評等變動，隔天線圖怎麼預測？

這次針對過去出場過好幾次的評等稍微思考一下。

左頁是鈴木的線圖，右頁則是索尼的線圖。兩者都在前一天公

Q15　鈴木（7269）日線　5月7日〜8月3日

● **最近的題材**

8月3日收盤後公布了季報表。6位主要分析師皆預測其營業利益為 29 億圓，實為 68 億 6100 萬圓。不過，比去年同期的數字減少了 79.7%。

相對於年度預測，4〜6月的進度達到 7 成，但除了印度以外的需求及匯率都不透明，所以年度預測並未向上修正。

➡ 解答、解說見 194 頁

PART 4　用36個線圖日記，傳你絕技！

布財務報告，根據新聞指出，相較之下都算是比較好看的財報。

　　不過，一方的個股被調升評等，另一方的個股卻被調降評等。到了第二天的盤中，我們已經知道評等的變動，但是這裡先刻意將評等資訊隱而不表。

　　請各位從截至業績發表前一天的線圖變動及業績發表的內容，來預測隔天的股價波動。

Q16　索尼（6758）日線　4月30日～7月30日

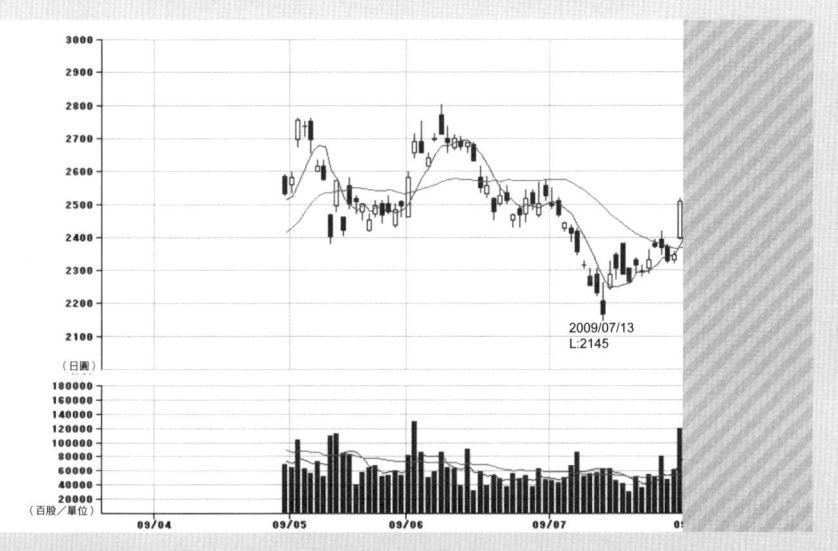

● 最近的題材

7月30日收盤後公布了季報表，營業損益為257億圓的虧損（去年同期為734億圓的淨利）。然而，一旦扣掉重整費用（339億圓）來思考，雖然與去年同期比起來減少了67.5%，依舊有233億圓的利潤。全年的業績預測則沒有修正。
6月25日公布了當月營收。合併營收比去年同月增加6.4%，為75億6500萬圓。

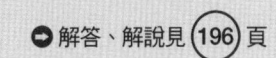

○ 解答、解說見 196 頁

Q17-18 企業上修業績預測，隔天線圖怎麼預測？

接下來將為大家介紹業績預測與股價的關係。對於我們這種散戶投資人而言，公布業績預測的時刻是相當大的投資機會。這裡不

Q17　大京（8840）日線　5月7日～8月4日

2009/07/13
L:117

● 最近的題材
8月4日收盤後修正了2009年9月的（合併）期中財務預測。
營業額　　　　　1570億圓 → 1520億圓
營業淨利　　　　　29億圓 →　 53億圓
稅前淨利　　　　　13億圓 →　 40億圓
本期淨利　　　　　 7億圓 →　 35億圓

○ 解答、解說見 198 頁

PART **4** 用 36 個線圖日記，傳你絕技！

妨從業績預測往好的方向修正（＝向上修正）的案例來思考。

左頁是經營不動產業的大京，營業額雖然減少了，但利潤卻大幅增加。原因出在房屋市場並沒有想像中那麼差，房屋銷售的利潤比預期還好。右頁的零件製造業者 NOK，也把業績預測大幅地向上修正。因為硬碟及數位相機的需求非常活絡，部分設備處於全天候運轉的狀態。請預測第二天的股價波動，思考當沖交易的策略。

Q18　NOK（7240）日線　5月1日～7月31日

● 最近的題材
7月31日收盤後公布了2010年3月期（合併）財務預測的修正。
營業額　　　　　3840 億圓　→　3790 億圓
營業淨利　　　　△99 億圓　→　△52 億圓
稅前淨利　　　　△125 億圓　→　△72 億圓
本期淨利　　　　△132 億圓　→　△80 億圓

➔ 解答、解說見 (200) 頁

129

108 張圖學會 K 線分析賺當沖

Q19-20 企業下修業績預測，隔天線圖怎麼預測？

接下來，請試想業績預測向下修正時的例子。左頁是昭和殼牌石油的線圖，收盤後發表了業績預測向下修正。原因據說是景氣尚

Q19　昭和殼牌石油（5002）日線　5月1日～7月31日

● 最近的題材
7月31日收盤後修正了2009年12月期的（合併）財務預測。
營業額　　　　2兆100億圓 → 2兆1400億圓
營業淨利　　　　　　　　0 → △250億圓
稅前淨利　　　　　　　　0 → △270億圓
本期淨利　　　　　　　　0 → △170億圓

● 解答、解說見 202 頁

130

PART **4** 用 36 個線圖日記，傳你絕技！

未復甦及需求減少等等。

　　右頁是 Nikon 的線圖及業績預測的數據。由於數位相機賣得很好，營業額向上修正，但利潤卻大幅度地向下修正。這是因為受到價格下滑及日幣升值巨大的影響，再加上將半導體用感光設備的報廢、折舊損失也計算在內所致。關於這兩支股票，請預測其第二天的股價波動，思考當沖交易的策略。

Q20　Nikon（7731）日線　5月7日～8月5日

● **最近的題材**

8月5日收盤後修正了 2010 年 3 月期的（合併）年度業績預測。

營業額	6800 億圓	→	7100 億圓
營業淨利	△120 億圓	→	△300 億圓
稅前淨利	△160 億圓	→	△360 億圓
本期淨利	△170 億圓	→	△280 億圓

※ 分析師對營業損益的預測平均值為虧損 29 億圓。

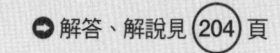

● 解答、解說見 (204) 頁

108 張圖學會 K 線分析賺當沖

Q21-22 利多或利空出盡時，線圖會怎麼動？

這次要帶大家學習「利多／利空出盡」。如同前面已經說過的，不管出現利多題材或利空題材，都已經反應在股價上了，股價不會

Q21　迅銷（9983）日線　4月8日～7月9日

● 最近的題材
7月9日收盤後向上修正2009年8月期的（合併）年度財務預測。
營業額　　　　　6600 億圓　→　6820 億圓
營業淨利　　　　1010 億圓　→　1080 億圓
稅前淨利　　　　 950 億圓　→　1010 億圓
本期淨利　　　　 500 億圓　→　 520 億圓
※ 主要分析師對營業淨利的預測平均值為 1091 億圓。

● 解答、解說見 206 頁

132

再隨題材波動，稱為「利多／利空出盡」。

左頁是以 UNIQLO（優衣庫）打開知名度的迅銷線圖及其財務預測的內容。右側則是日立建機的日線圖及財務預測。可以想見這兩支股票都已經事先進行過業績預測的修正了。換句話說，可以想見兩者都已經「利多／利空出盡」。請預測這兩支股票第二天的股價會如何波動。

Q22　日立建機（6305）日線　4月28日～7月27日

● 最近的題材
7月27日收盤後向下修正2010年3月期的（合併）年度財務預測。
營業額　　　　　6200億圓　→　5900億圓
營業淨利　　　　 270億圓　→　 240億圓
稅前淨利　　　　 200億圓　→　 156億圓
本期淨利　　　　 70億圓　→　 50億圓
※ 主要分析師對營業淨利的預測平均值為130億圓。

➡ 解答、解說見 208 頁

133

108 張圖學會 K 線分析賺當沖

Q23-24 個股公司宣布現金增資，線圖會怎麼動？

這次為大家介紹「現金增資」。左頁是證券業界第二把交椅大和證券的現金增資內容及線圖。2 個營業日前的收盤後，宣布現金

Q23　大和證券集團總公司（8601）日線　3 月 30 日～6 月 29 日

● 最近的題材

宣布將進行約 4 億股的現金增資（26 日終場收盤後）。已經發行的股票總數將比現有股數增加 24.5%，除了以亞洲、新興國家為主的海外事業之外，也將充當為基金的出資，力求擴大事業版圖。

● 市場的情勢

第二天的日經平均指數，大概會從大幅度的跳空上漲開盤。

▶ 解答、解說見 210 頁

PART **4** 用 36 個線圖日記，傳你絕技！

增資。第二天以跌停開盤，多空交錯、買賣單激烈碰撞後，開始上漲。右側則是環境相關個股中最具代表性的 GS YUASA 現金增資的內容及線圖。GS YUASA 為製造鋰離子電池及燃料電池的企業，在投資人心目中比較有知名度。自 6 月中創下高點後，在進行調整的情況下，宣布現金增資。請預測這兩支股票第二天的股價會如何波動，並描繪出投資劇本。

Q24　GS YUASA（6674）日線　4月14日～7月13日

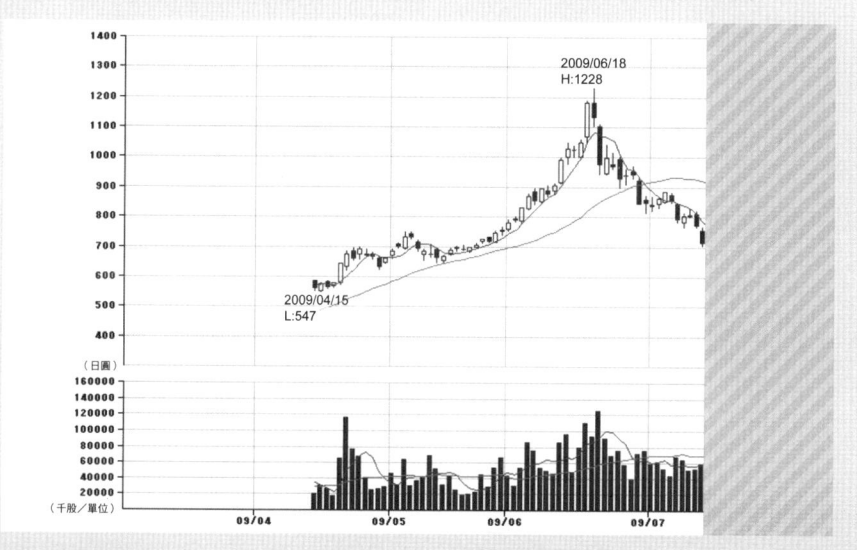

● **最近的題材**

公布 4000 萬股的現金增資（13 日的終場收盤後）。包含 600 萬股的超額配售，預計最多可以籌到大約 367 億圓。已經發行的股數將比過去縮戈 13% 左右。籌措資金的目的在於，要擴充用來製造鋰離子電池的設備投資資金。

➡ 解答、解說見 (212) 頁

135

Q25-26 有TOB題材的個股，該如何進攻？

這次稍微思考一下 TOB 對股價帶來的影響。

左頁是日立製作所的線圖及 TOB 報導的內容。報導指出 TOB

Q25　日立製作所（6501）日線　4月28日～7月27日

● 最近的題材

27 日上架的日經新聞朝刊報導，日立製作所將以 TOB（公開收購）的方式，將集團旗下 5 家公司完全子公司化。8 月下旬開始 TOB，最多將投入 3000 億圓，將出資比率拉高到全額出資。28 日中午過後，也將公布第一季的財務報告。

● 解答、解說見 214 頁

PART 4　用36個線圖日記，傳你絕技！

的對象是 5 家子公司，包括日立麥克賽爾、日立工業設備、日立軟體、日立系統。

右側則是日立麥克賽爾截至前一天為止的線圖。日立製作所也預定在隔天中午過後，公布季報表。

請預測這兩支股票的股價在第二天將如何波動。收購與被收購，其股價波動將大異其趣。

Q26　日立麥克賽爾（6810）日線　4月28日～7月27日

● 最近的題材

由於母公司將實施 TOB，並將其完全子公司化的消息曝光，前一天以漲停板按比例分配收盤（當收盤價為漲停時，由證券交易所將委賣股數公平分配給證券公司的方式）。比照日立製作所，將在 28 日中午過後，公布第一季的財務報告。

● 解答、解說見 216 頁

Q27-28 同業的利多、利空題材，該怎麼利用？

接下來將把話題轉向有點難的技術。首先是利用同業種的財報公布來進攻的方法。左頁是本田技研工業的題材與線圖。

Q27　本田技研工業（7267）日線　4月30日～7月29日

● 最近的題材
2010年3月的業績預測（合併）向上修正。
營業額　　　　　　8兆3700億圓 → 8兆2800億圓
營業淨利　　　　　100億圓 → 700億圓
分析師預測的營業淨利平均值為280億圓，但整個向上修正。2009年4～6月的營業淨利為251億圓，因此對於年度業績預測的進度達到了35.9%（7月29日）。

◯ 解答、解說見 218 頁

138

PART 4　用 36 個線圖日記，傳你絕技！

　　29 日的業績公布揭曉，營業損益的獲利遠遠超過分析師事前的預測，就連年度的業績預測也向上修正。右側則是同為汽車廠商的馬自達的線圖及題材。後者預定於 30 日收盤後公布第一季的財務報表。本田技研工業的向上修正任誰來看都很出色，第二天的收盤後將公布財報的馬自達——針對這兩支股票，第二天的股價會如何波動，請善用同業種的新聞題材描繪出當沖交易的策略。

Q28　馬自達（7261）日線　4 月 30 日～7 月 29 日

● 最近的題材

7 月 29 日發表的本田技研工業（刊登於左頁）與日產汽車第一季的營業損益皆有盈餘。預定於隔天 30 日公布第一季的財務報表。
16 日上架的日經新聞朝刊裡報導了將與豐田汽車在油電混合動力技術攜手合作的消息（7 月 16 日早上）。

→ 解答、解說見 (220) 頁

Q29-30 個股漲停或跌停時，該怎樣攻守？

接下來要帶大家做「漲停」與「跌停」的練習題。

左頁是兄弟工業的線圖及季報表。這份季報表中的營業淨利達

Q29 兄弟工業（6448）日線 5月7日～8月3日

●最近的題材

8月3日終場收盤後公布了 2009 年度的第 1 季（合併）財務報表。

	2009 年度第 1 季財報	2010 年 3 月（年度）業績預測
營業額	978 億 1600 萬圓	4250 億圓（－ 22.4%）
營業淨利	63 億 6200 萬圓	130 億圓（－ 30.9%）
稅前淨利	81 億 1800 萬圓	200 億圓（－ 15.6%）
本期淨利	33 億 9800 萬圓	125 億圓（－ 47.5%）

➔ 解答、解說見 (222) 頁

到年度計畫的將近 50%，今後應該會往向上修正的方向展開。

順帶一提，日經平均指數連續 2 天下跌。

右頁則是柯尼卡美能達的線圖及季報表。營業淨利為將近 6 億圓的虧損，可以想見會將年度的業績預測向下修正。

請預測這兩支股票在第二天的開盤及之後，股價會如何波動。

Q30 柯尼卡美能達控股（4902）日線 5月7日～8月6日

● **最近的題材**

8 月 6 日終場收盤後公布了 2009 年度的第 1 季（合併）財務報表。

	2009 年度第 1 季	2009 年 9 月期中預測	2010 年 3 月期預測
營業額	1894 億 3900 萬圓	4040 億圓	8800 億圓
營業淨利	△ 5 億 8900 萬圓	160 億圓	450 億圓
本期淨利	2 億 9900 萬圓	35 億圓	170 億圓

主要分析師對第 1 季營業損益的預測值為平均 40 億圓的利潤。

● 解答、解說見 224 頁

Q31-32 單向上漲或下跌時，該如何買賣？

上回提到過的「漲停」、「跌停」是非常極端的市場。稱為「電車道」的單向狀態也同樣是極端的市場。左頁是最具有代表性的新

Q31 達文西控股（4314）日線 4月9日～7月8日

● 最近的題材
新興不動產股在6月中創下高點，進入7月以後，開始面臨全面性的賣壓。日經平均指數在前一天跳空跌破9500圓。

解答、解說見 226 頁

PART 4　用36個線圖日記，傳你絕技！

興不動產個股——達文西控股的線圖。日經平均指數持續走跌，新興不動產個股進入7月之後一直處於賣方市場的狀態。

　　右側則是汽車零件業者電綜的線圖。其股價與汽車類股一起從7月10日開始持續上漲。兩者的股價波動都是順著趨勢單向漲跌，形成極端的狀況。那麼，第二天的5分鐘線圖也會同樣呈現單向漲跌的狀況嗎？請預測股價波動，思考投資策略。

Q32　電綜（6902）日線　5月1日～8月3日

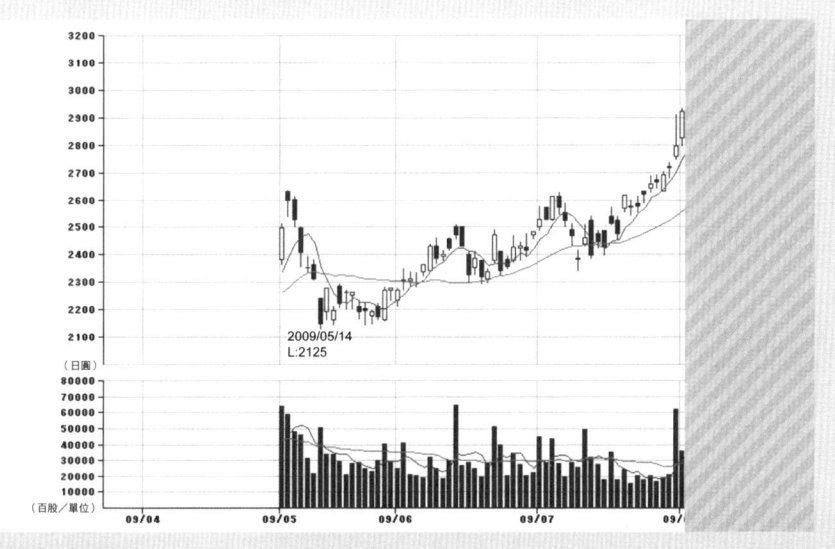

● **最近的題材**

受到31日公布的期中財務預測向上修正的影響，UBS證券將目標價格從2500圓上修到3300圓，評等也從「中立」調升到「買進」（8月3日）。

● **市場的情勢**

日經平均指數在7月13日打底之後就持續上漲，在1萬500圓大關前橫向盤整。第二天受到美國市場創新高點的影響，肯定會跳空開高。

➡解答、解說見 228 頁

Q33-34 資金隨市場趨勢集中特定個股，該如何操作？

這次將為大家介紹資金受到市場趨勢的影響，集中於某支個股的問題。左頁是生產電動車引擎及電壓轉換器的明電舍的線圖。經

Q33　明電舍（6508）日線　4月23日～7月22日

● 最近的題材
隨著21日的強彈，日證金資券交易餘額的融券急增（7月22日）。

● 市場的情勢
變得與具有股價連動性的GS YUASA出現在14日與21日的大陽線一樣，但是在GS YUASA拉出陰線的22日，明電舍則是伴隨著長長下影線的陽線。

● 解答、解說見 230 頁

PART 4　用 36 個線圖日記，傳你絕技！

過長期調整，在 2 個營業日前的 21 日帶量強彈，使得趨勢為之一變。與 GS YUASA 具有連動性，所以也請參照第 139 頁。右頁是纖維廠商 shikibo 的題材與線圖。shikibo 專門開發抗病毒纖維，販賣相關產品。

　　這兩支股票隨著直到前一天的上漲趨勢，作空者大量進場，資券比變得很低，請預測第二天的股價會如何波動。

Q34　shikibo（3109）日線　4月20日～8月18日

● **最近的題材**

根據國立傳染病研究所於 18 日以全國約 5000 家定點醫療院所為對象的調查，8 月 3～9 日的流行性感冒傳染人數為 4630 人，已經達到平均每家醫療院所 0.99 人的全國流行性指標（1.00）水準（8 月 18 日）。

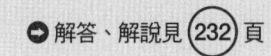

➡ 解答、解說見 232 頁

Q35-36 碰到特殊股價波動，要怎麼應對？

終於來到最後一個問題了。最後將為大家介紹兩個特殊的案例。左頁是光通信的題材及線圖，該公司過去在 IT 泡沫時代與軟體

Q35　光通信（9435）日線　5月14日～8月13日

● **最近的題材**
受限於避險基金要在 45 天前解約的規定，因對沖交易而急漲（8 月 13 日）。
幾乎一整天都在 2105 圓一帶徘徊，下午 2 點 45 分過後股價突然開始上漲，而且一發不可收拾，幾乎瞬間漲到 2485 圓的漲停價。
2010 年 3 月的合併財務預測，則向下修正（8 月 12 日前場收盤後）。
營業淨利　　220 億圓 → 180 億圓
本期淨利　　115 億圓 →　85 億圓

● 解答、解說見 234 頁

PART **4**　用 36 個線圖日記，傳你絕技！

銀行並駕其驅，股價波動十分劇烈。光通信過去曾經創下連續 20 個營業日跌停的大記錄，可說是聲名遠播。

右頁則是大型房屋仲介長谷工公司的線圖及題材（發行 MSCB）。

請預測這兩支股票的股價在第二天將會如何波動。

Q36　長谷工公司（1808）日線　6月11日～9月14日

● **最近的題材**

宣布以瑞穗證券為經銷商發行 MSCB（9月10日）。
轉換價格的下限為 60.5 圓，這時股權稀釋的比率將為 19.6%。實收的概算金額為 149 億 7000 萬圓，將用來做為施工或人事費等營運資金。

➡ 解答、解說見 (236) 頁

專欄 4

期貨選擇權結算日，股價波動會特別劇烈

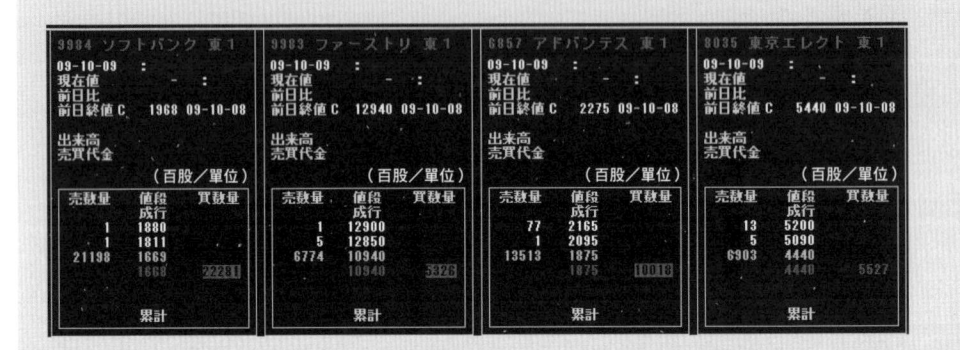

請看上圖，主要個股均跌停鎖死，市場氣氛明顯不正常。有當沖交易經驗的人肯定都看過這樣的畫面，如果要抱著那支股票，心臟一定要很強。

但是請放心，開盤時通常都跟前一天沒什麼差別，會出現非常普通的開盤價。

原因在於這一天是 SQ 日（SQ 是 Special Quotation 的縮寫，意指特別報價）。

由於是以每月第 2 個週五的開盤價為基準，進行股票選擇權的結算，因此開盤前的市場氣氛才會那麼詭譎。

一般來說，有 SQ 日的那一週稱為 SQ 週，那一週的股價波動會變得很不規則，所以連當沖交易也要注意。

3月、6月、9月、12月的第 2 個週五，還會進行日經平均期貨的結算，股價波動會變得更加劇烈。這幾個月稱為「SQ 大月」，

相對地，只進行選擇權結算的1月、2月、4月、5月、7月、8月、10月、11月則稱為「SQ小月」。

關於日經平均指數及SQ的結構，想更深入了解的人不妨用套利這個單字，上網搜尋一下。

PART 5

不被市場洗出場，
　關鍵在紀律！

做當沖交易，不可或缺的是強韌的精神。希望各位能養成鋼鐵般的心理素質。箇中訣竅在於，控制住自己，不要受到自滿或焦慮的情緒所左右。

想要持續獲利只有一條路：自律

練好交易必備心法，才是獲利不二法門

截至目前所敘述的技術性問題，對於要在市場上獲利的人是不可或缺的知識。不過，光這樣是無法在市場上存活下來的。

看得見股票市場上的交易對象嗎？

看不見對吧。

因此，必須隨時對抗自己的弱點才行。

換句話說，想要成為市場上的常勝軍，技術（技術分析與新聞題材分析）及精神上的強度必須相互搭配。

在這本書的最後，為了讓大家擁有當沖交易者的心理強度，特別提供一些操作重點。

務必設定 3 大紀律：進場、退場及時間

為了透過當沖交易持續獲利，首先必須制定明確的紀律，並且嚴格遵守。

這是因為一旦建立起自己的交易型態，投資的步調會相對穩定。

那麼，什麼樣的紀律才能持之以恆地獲利呢？

PART **5**　不被市場洗出場，關鍵在紀律！

　　首先，如同有人適合順勢操作、有人適合逆勢操作，最重要的是要確立適合自己性格的交易紀律。

　　不能有急就章的感覺，所以請放棄會讓自己想打破的紀律。

　　我本身也對自己設定了各式各樣的紀律，將其分類的話，可以分成以下 3 種大類。

　　第一類是最常見的，要在什麼條件下持有部位的「進場紀律」。

　　以下就為大家介紹我所採行的一部分紀律。

・確認底部再買。
・拒絕盲從題材。
・不對不適合自己的標的物出手。

　　而我也確實實踐這些紀律。

　　第二類則是相反的紀律，亦即要在什麼條件下出清股票的「退場紀律」，並加以實踐。獲利了結的條件自不待言，這裡也包含見好就收的條件或停損的條件。例如：

・不改變平倉委託單的等待價格。
・一旦漲勢停止就把一半落袋為安。
・一旦覺得自己犯錯，就要在回檔時認賠賣出。

　　制定以上這些紀律，並加以實踐。

　　另外，也同樣設定了一旦到達某個時間，就一定要沖銷的「時間紀律」。舉例來說：

・以當沖交易為目的的交易，要在終場收盤時強制沖銷。
・開盤時買進且價格上揚的股票要在 9 點半前全部獲利了結。
・要注意 SQ 週（第 2 個週五的那一週）的股價波動。

如同前面幾項所述，最好要注意一下星期幾。

當然，無法一次介紹所有內容，但只要設定好「進場紀律」、「退場紀律」、「時間、星期幾紀律」，風險就會降低，也能持之以恆地創造獲利。

紀律可以改變，但得在當天交易完成後

不只當沖交易，手氣好的時候，做什麼都順利。問題是萬一得意忘形，打破自己制定的紀律，遲早有一天會摔得鼻青臉腫。

這是因為就算打破紀律，暫時獲得巨大的利益，也只會打亂自己投資的步調，而步調一旦亂了套，則會導致未來沒完沒了的低潮。獲利最終也將變成虧損。

但若是深思熟慮後再改變紀律則無所謂。只是，在進行當沖交易的時候最好不要改變紀律。

我也曾有過這樣的經驗，因為人很容易對自己在交易時持有的部位產生樂觀的期待。即使看到新聞題材、看到線圖，也會往對自己有利的方向解釋。

請記得，調整紀律要等到當天交易結束後再變更。請老實地累積數據，仔細研究過後再改變紀律。

每天撥出自省時間，讓交易手法成長

利用當沖「可當日結算」的特色，每天回顧當日交易

　　從事當沖交易的人不能不反省。

　　回顧自己的一天，檢查自己設定的紀律達成多少，若做出好的交易要稱讚自己，若做出壞的交易則要好好反省、迎向明天。藉由反省，可以拂去心靈的塵埃，以新鮮的心情重新面對交易。

　　賺錢的交易不等於好的交易、賠錢的交易也不等於是壞的交易。只要能確實做好風險管理，就沒什麼好怕的。當天，只要能將自認為最完美的行動，執行到 6～7 成就夠了。

　　以下的重點是每天都要反省的內容。

◆ **是否正確地掌握住整個市場的氣氛**

　　請回顧自己對市場的認知，與市場實際的波動吻合到什麼程度。

　　倘若基本上的認知皆與市場吻合，就表示以策略來說沒錯，大可以放心。除非是天才，否則沒有人不會看錯行情，因此讓自己有機會反省相當重要。

◆ 選擇的個股是否適當

請檢查選擇個股時雀屏中選的個股，與自己實際進行交易的個股當天的股價波動。

我也經常會做出明明在選股的階段已經選出來了，卻因為太專心在其他個股的交易上，錯失大漲的個股這種傻事。

在一天的交易裡，是否在適當的時機選擇了適當的個股，這點也非常重要。

◆ 是否遵守紀律

如前所述，能否遵守交易紀律也是很重要的一點。

遵守紀律就等於完美地控制住自己，所以不妨好好讚美自己。萬一無法遵守，你可以修正紀律，或是從下一次操作回到原點，重新遵守紀律。

◆ 進場的時機是否恰當

進場的時機以「順勢操作的時候動作要快、逆勢操作的時候則要謀定而後動」為基本的思考邏輯。

要是一再地失敗，不妨試著停下來看看。

逆勢操作的技巧在於在反轉的點下限價單，但是限價的設定如果搞錯價位，就會導致進場時機過早的結果。

基本上，原因出在知識不足或無法壓抑自己迫不及待的心情。

反之，順勢操作則會招來進場時機太晚的結果，導致損失慘重也在所多有。最常見的悲劇是一直在等股價壓回，但股價偏偏一去不回頭，而且還繼續上漲，沉不住氣進場的結果，才發現那裡是天

花板。這會令人悔不當初,也就是所謂的「套在最高點」。

◆ 退場的時機是否恰當

也要反過來檢查是否在最適當的時機退場。

如果是停損賣出,有時候會後悔太早賣,但是後悔太晚下車,反而是更常見的情況。

迅速地停損固然理想,但在實際交易的時候,委實難如登天。

以我為例,會設定一條「絕對停損線」,一旦股價跌破那條線,就以市價委託的方式停損。

尤其是只要股價有無限下跌的可能性,一旦損失超過限定的額度,就要立刻執行停損。

對於長期做當沖交易的人來說,風險控管是存活下去的關鍵。

另一方面,如果是獲利賣出,早一點、晚一點也會後悔不已。

之所以後悔「或許太早獲利了結」,通常是因為如果選擇晚一點獲利了結,股價就結果而言會漲得更高的緣故。

相反地,也有人會後悔:「太晚獲利了結了!」原因幾乎在於,輸給「撐久一點或許會漲得更多」的欲望。既然是運用當沖交易來獲利,自然不可能完全擺脫貪念,但是只要能在出現未實現利益時,也提醒自己做出冷靜的判斷,就一定能執行停利的紀律。

「放棄大利,也放棄小利,走中庸之道」,是我提醒自己斬斷貪念、斬斷執著的座右銘。希望各位也要擁有堅強的意志!

要做當沖，絕對不可忽視風險控管

事先設定可承受的最大損失，才能將風險最小化

一旦從事股票投資，風險控管的意識就變得非常重要。

基本上，重點在於事先設定一天可承受的最大損失、一次交易可承受的最大損失，在這樣的範圍內從事交易。

若是價格波動十分劇烈的股票，必須控制每次交易投入的資金。相反地，若是價格波動比較穩定的股票，可以稍微多丟一點錢下去。

一切順利的時候，上述的風險控管通常也會很順利，問題在於損失愈來愈多的時候該怎麼操作。通常投資人為了賭一把豬羊變色，都會勇於冒險，以求翻身，但結果往往是粉身碎骨。

當行情不如自己所預期，有人會安慰自己「市場也要休息」。該放棄的時候就放棄，不妨睜大雙眼盯著市場，直到行情改變。

就算只從事當沖交易，只要長時間待在股票的世界裡，一旦風險控管失敗，就有可能蒙受巨大的帳面損失。這時可能會陷入臉色蒼白、冷汗直流的狀態。

儘管如此，既然是當沖交易，就不能把股票放著不管，請鼓起勇氣認賠。只要能在股票的世界裡活下去，就有機會東山再起。

交易時最大的敵人,是無法徹底自我管理

各位閱讀這本書到這裡,想必已經知道控制自己對於當沖交易是多麼重要的一件事。

然而,正所謂「知易行難」,要控制自己是一件非常困難的事。

想當然爾,幾乎沒有人是平常就完全無法控制自己。

在工作上累積壓力的時候,可能會管不住自己,做出衝動的言行舉止。也有人因此犯下無法挽回的錯誤。

要管好自己非常困難。但是,既然是自己的心,應該還是能由自己進行徹底的管理才對。

儘管大腦知道不能這麼做,卻還是一而再、再而三地重蹈覆轍的話,肯定是你的心裡出了什麼問題。

一廂情願或滿心期待,是操作買賣的最大陷阱

在買賣的時候,認為「一定能賺錢」的瞬間最危險。

這是因為腦子裡充滿了美好的想像,完全看不見眼前的現實。而且那一瞬間會完全失去防備,正所謂「粗心是最大的敵人」。為了避免粗心大意,關鍵在於請不要懷有「一定會變成這樣」的一廂情願或「要是能變成這樣就好了」的期待,確實地看清楚眼前的現實,並加以正確地解讀。

運氣由心而生，
先自助才會有天助

交易是資產運用的一環，也是避免缺錢的手段

　　在上一本著作裡，曾提到「無入而不自得」。我認為人生要活得精彩，重點在於輕鬆地活。為了輕鬆地活，必須打從心底感到輕鬆。但也不能不努力，因為從天而降的煩惱或辛苦都是可以迴避的。

　　即使煩惱或痛苦是為了讓我們成長，也犯不著主動找苦頭吃。利用當沖交易賺錢，正是為了迴避因為缺錢而只能過苦日子的手段之一。

　　當我撰寫本書時，大家都說日圓比起外幣相對強勢。然而，一旦發生戰爭或國家因舉債而出現問題，存在銀行裡的錢就可能會失去價值。雖然目前在國安上幾乎感覺不到危機，但攸關國家存亡的事態或許離我們並不遙遠。因此，資產運用是為了保護財產不可或缺的努力。

保有穩定正職收入，用兼差時間來做當沖最好！

　　一起投資的伙伴當中，有人對投機致富這種事不以為然，但我不這麼想。只要不與社會脫節，能從事有生產性的行為，就算投機

致富又如何。

我絕不建議放棄現有的工作,把投資當成正職。我周遭的人大多受苦於公司的人際關係,因為上班的確很辛苦。但是,當沖交易者必須永遠保持獲利的壓力也很大,而且很孤獨,因為唯一能依靠的只有自己。

即使可以做到一邊上班,一邊賺取鉅額獲利,若當成正職來做,則不見得會成功。

這是因為有穩定的定期收入,心裡不會慌,才能腳踏實地地運用資產。

心靈踏實與獲利,是正向的良性循環

心靈的踏實會產生踏實的金錢,反過來說,踏實的金錢也會讓心靈踏實。在股票交易的世界裡,一時鬼迷心竅,不經意買下的個股,在一瞬間開始暴跌,造成巨大損失——這種不可思議的事,永遠都有可能發生。

這時候,在說出「不是自己的錯,只是運氣不好」之前,請先思考原因是不是出在自己身上。

已經發生的事絕非偶然,都是自己在那一瞬間的心態,召喚來那一刻的必然。

盡了最大的努力之後,就把一切交給老天吧。

請記得感謝可以做股票的環境,懷著感恩的心會讓心靈趨於平靜,才能看清股市真實的模樣。

行筆至此,怠慢老師為大家開的投資課到此結束。(譯註:怠

慢老師是作者的筆名，但這裡並不是真正怠慢的意思，而是以「用最少的努力發揮最大的成果」為人生的宗旨。）

　　祝福熱愛股票的各位幸福快樂！

專欄 5

選用提升交易獲利機率的工具

　　或許是電視節目給人的印象，一提到當沖交易，許多人的腦海都會浮現出盯著好幾台電腦或螢幕交易的模樣。

　　當然也有很多投資人會即時看盤，但並不是所有人都用那麼高級的設備。我現在只用一台松下製的 Let's note 筆記型電腦從事交易，它的畫面有點小，感覺不太方便，但因為是商務人士常用的筆記型電腦，隨身攜帶很方便。

　　我曾經有過同時使用兩台電腦的時期，但盯著太多畫面實在很累，結果又回到使用一台電腦的狀態。當然，考慮到電腦壞掉的可能性，還有一台備用電腦……

　　網路用 NTT 提供的 B FLET'S 光纖線路。雖然不覺得有使用光纖的必要，但網路速度還是快一點比較好。我家用的是無線網路，換成無線網路的好處在於，當持有相當大的部位，必須隨時盯著時，還可以抱著電腦去上廁所（笑）。

　　至於看盤軟體，我基本上只用樂天證券的「市場速度」。松井證券的「線上股票交易軟體」或 SBI 證券的「HYPER SBI」等也都很有名，所以不妨多方嘗試後，選擇自己覺得用起來最順手的。

PART 6

線圖與消息一起研判，穩賺！

A01 股價跨過25日均線，請先等買點出現

截至前一天的股價波動　請注意帶量的陽線！

陰線很明顯。曾經以夾著一根十字線的方式，連續出現7天的陰線，跌到280圓就跌不太下去了。前一天出現帶量的陽線，表示趨勢互換的可能性很大。

由於在310圓附近橫向盤整10天左右，可以想見那一帶是價格壓力區。前一天的收盤價為291圓，距離310圓還有上漲的空間。預測會跨過下壓到300圓附近的25日移動平均線。

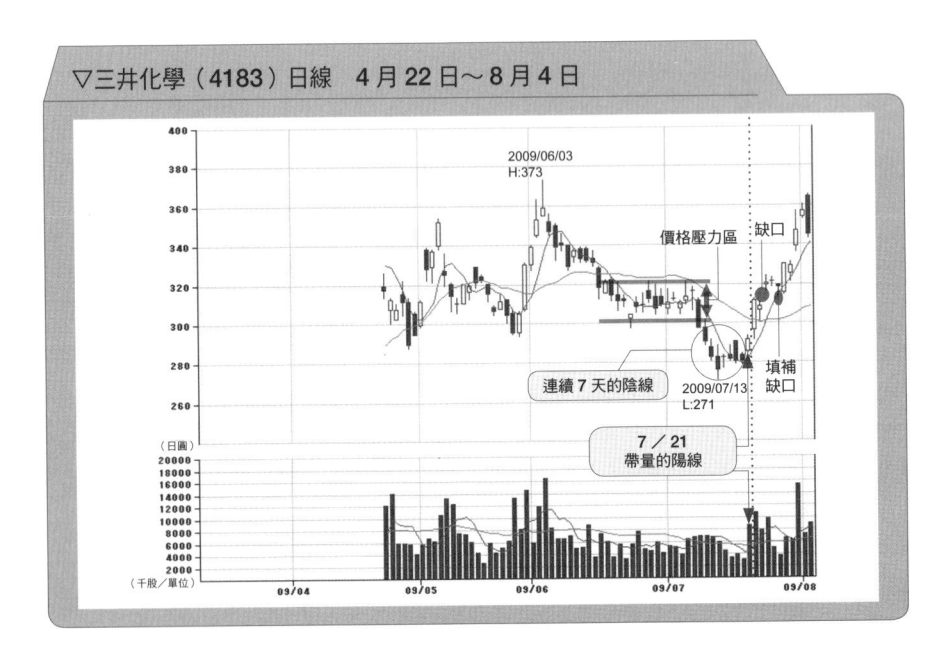

▽三井化學（4183）日線　4月22日～8月4日

- 2009/06/03 H:373
- 價格壓力區
- 缺口
- 連續7天的陰線
- 2009/07/13 L:271
- 填補缺口
- 7/21 帶量的陽線

PART **6** 線圖與消息一起研判,穩賺!

> **當天的進攻方法**:確定在 **25 日線**附近,再買進。

開盤以 296 圓跳空開高。由於也有可能發展成為了填補缺口而下跌,在這個瞬間買進需要勇氣。9 點 20 分過後開始出現整筆的賣單,跌到 291 圓的最低點。因此填補了與前一天的缺口,所以出現這個賣單的瞬間,或者是接下來回到開盤價 296 圓的時候,不妨有自信地掛出買單。或許,你也可以等到下半場開盤以後,漲到 298 圓至 300 圓間再買進。獲利了結的目標價是從向上突破 25 日線後,價格壓力區的下限 307 圓再開始出場。

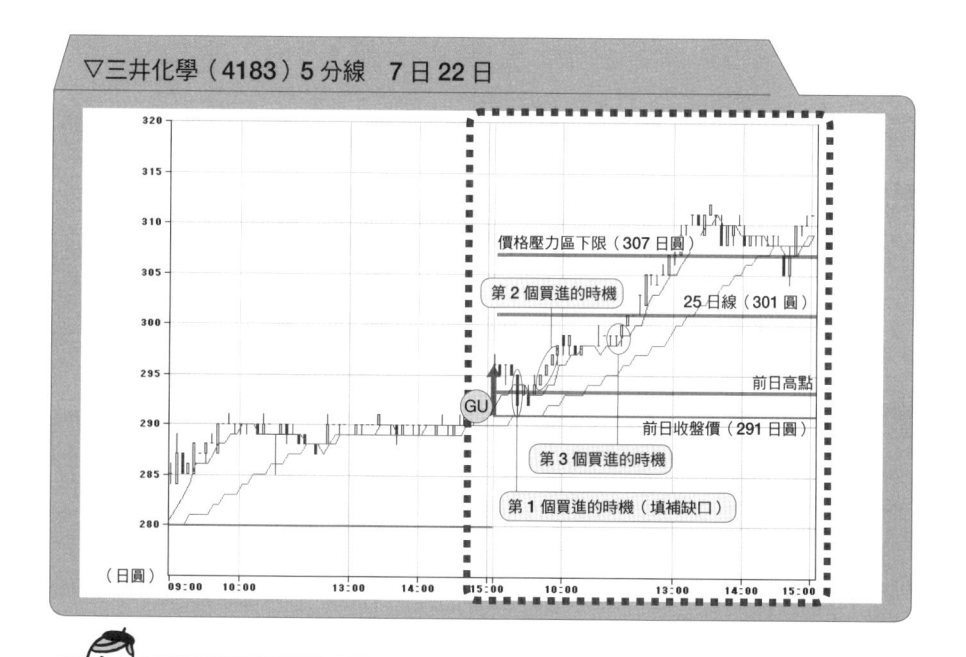

▽三井化學(4183)5 分線 7 日 22 日

- 價格壓力區下限(307 日)
- 第 2 個買進的時機
- 25 日線(301 圓)
- 前日高點
- GU
- 前日收盤價(291 日圓)
- 第 3 個買進的時機
- 第 1 個買進的時機(填補缺口)

> **怠慢老師的小叮嚀**
> 判斷趨勢的同時也別忘了要檢查成交量。

167

A02 股價沒過25日均線，最好先靜觀其變

截至前一天的股價波動：成交量沒變，所以趨勢也不會轉換。

線圖與上一頁的三井化學很類似，乍看之下好像已經跨過25日線，但仍有幾個不同之處。相較於三井化學的價格壓力區位在25日線的上方，這檔SBI的價格壓力區則是在25日線正上方的1萬8000圓，前一天也在那裡彈回來。換言之，有兩條壓力線，分別是1萬8000圓與25日線。此外，雖然前一天上漲，成交量卻沒有增加，可見買氣並不強，所以很難說趨勢已經轉換。然而，線圖沒有糟到需要積極地賣空，所以靜觀其變才是正確的選擇。

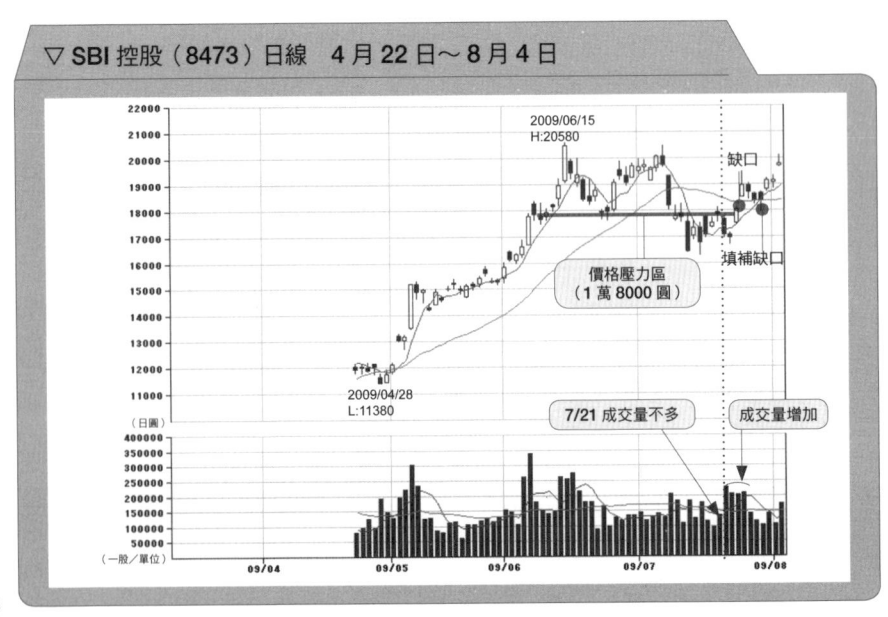

▽SBI控股（8473）日線　4月22日～8月4日

PART 6　線圖與消息一起研判，穩賺！

| 當天的 進攻方法 | 靜觀其變。 |

5分線本身呈現漂亮的下降趨勢。開盤比25日線還低，即使買盤瞬間回籠，高點也被5根移動平均線壓住，以漂亮的線型下跌。

出現愈來愈紛擾的賣單，再加上1萬8000圓這條壓力線，就結果論而言，至少最初的20分鐘可以放心地賣出。在1萬7200圓一帶買回比較好。

光從PART 4提供的判斷題材，應該很難做出這樣的決定，所以靜觀其變也是正確解答。

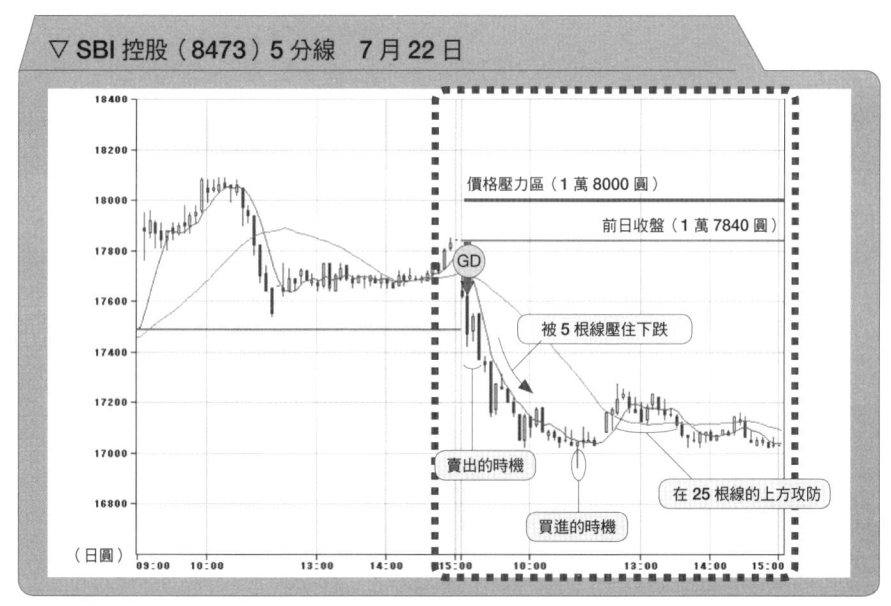

▽SBI控股（8473）5分線　7月22日

怠慢老師的小叮嚀

千萬要小心「騙線」。

A03 底部扎實有動能，可以期待買點顯露

截至前一天的股價波動：有足以向上突破 25 日線的動能。

7月8日跌破 25 日線以後，股價長時間在 25 日線下推移。曾經有一根跌破 1800 圓的大陰線，但股價在那之後已經回升，是底部看起來很扎實的線圖，不妨留意是否正在蓄積動能。

不只 25 日線，前一天的上漲也向上突破位於 1900～1950 圓的價格壓力區。因此，25 日線隨之轉為上漲的方向。挑戰 2000 圓的整數關卡固然重要，但是上次沒有受到太大的抵抗就突破了，這次是第二次挑戰整數關卡，因此不需要太擔心。

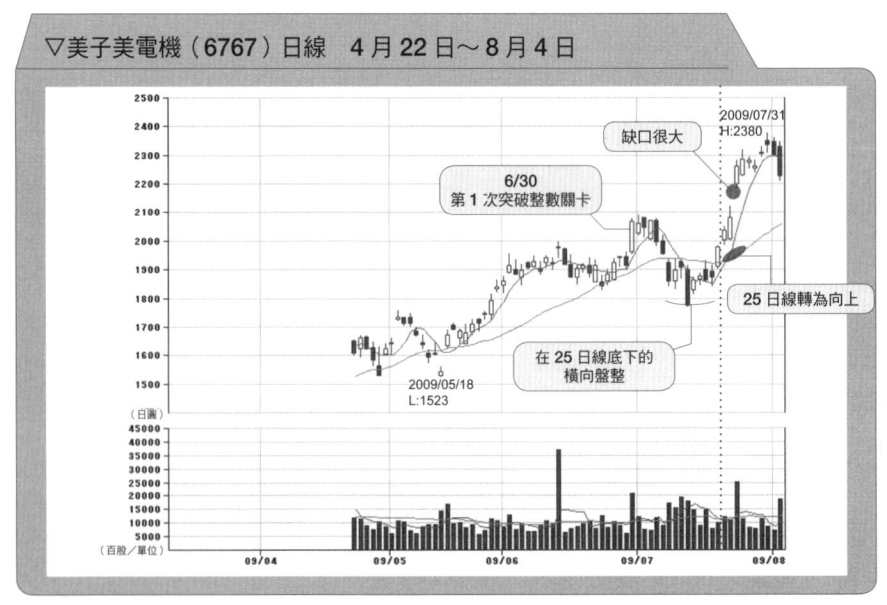

▽美子美電機（6767）日線　4月22日～8月4日

- 2009/07/31 H:2380
- 缺口很大
- 6/30 第 1 次突破整數關卡
- 25 日線轉為向上
- 在 25 日線底下的橫向盤整
- 2009/05/18 L:1523

PART 6 線圖與消息一起研判,穩賺!

當天的進攻方法：基本上屬上升趨勢,不妨在壓回時買進。

開盤為2000圓,跳上整數關卡,但這時與前一天的高點1980圓之間形成缺口,會令人裹足不前。最好的買進時機是一度壓回到1984圓,又回到2000圓之後,在2000圓橫向盤整時。

接下來,上半場收盤前在追上25根線的地方一口氣上漲,這是因為在分鐘線上已經蓄積足夠的動能。獲利了結的目標價應該設為漲不上去的2040圓這個價格。

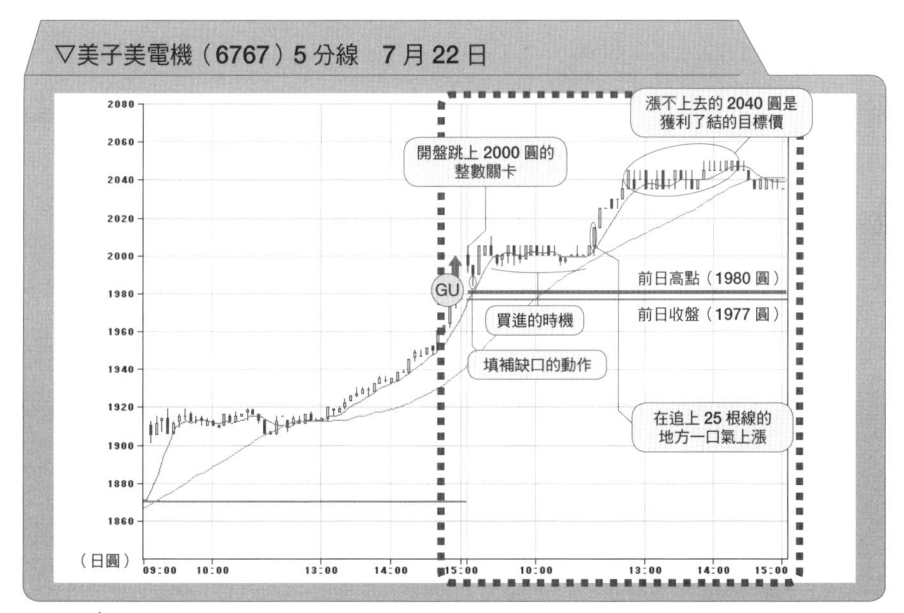

▽美子美電機(6767)5分線　7月22日

- 開盤跳上2000圓的整數關卡
- 漲不上去的2040圓是獲利了結的目標價
- 前日高點（1980圓）
- 前日收盤（1977圓）
- 買進的時機
- 填補缺口的動作
- 在追上25根線的地方一口氣上漲

怠慢老師的小叮嚀

要學會從線圖中感受到「動能」。

A04 橫向盤整不夠久，動能太少就再稍等

截至前一天的股價波動：正在橫向盤整，但天數還太少。

與美子美電機一樣，意圖使人買進，但是有幾個令人注意的地方。首先是在25日線前的橫向盤整天數還太少。這麼一來不足以給人已經打好底的印象。不過，由於感受到強勁的力道，所以也不能放空。其二，25日線的傾向還在往下走，這也是不能強行進場的原因之一。第三點，在3200圓一帶形成價格壓力區這也是值得留意的重點。

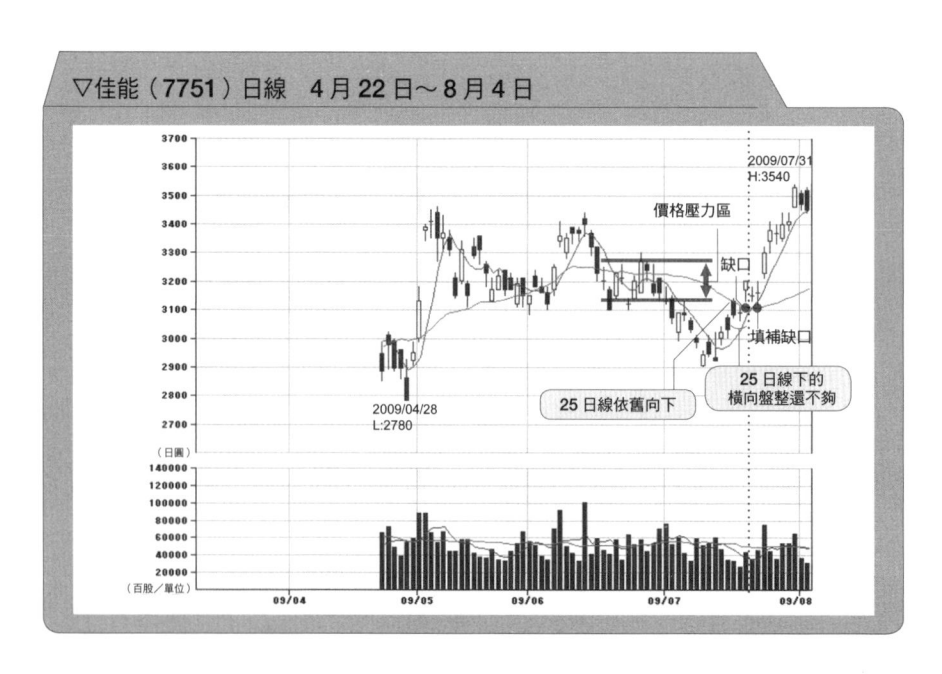

▽佳能（7751）日線　4月22日～8月4日

2009/07/31 H:3540
價格壓力區
缺口
填補缺口
2009/04/28 L:2780
25日線依舊向下
25日線下的橫向盤整還不夠

172

PART 6 線圖與消息一起研判，穩賺！

當天的進攻方法：沒有大動作，所以請靜觀其變。

開盤比前一天的收盤價下跌 50 圓，以 3160 圓跳空開低。這一瞬間或許會讓人想買，倒也不能說錯，但是前一天從 3110 圓到 3130 圓的缺口，總令人放心不下。然而，上述的缺口並未填補，當 25 根線落到中午過後還在橫向盤整的股價時，開始布局買進，但是後來沒有繼續買，過了一陣子，股價回到原本的位置。

結果這天不見積極的波動，始終處於橫向盤整的狀態。換句話說，靜觀其變是這個問題的正確解答。

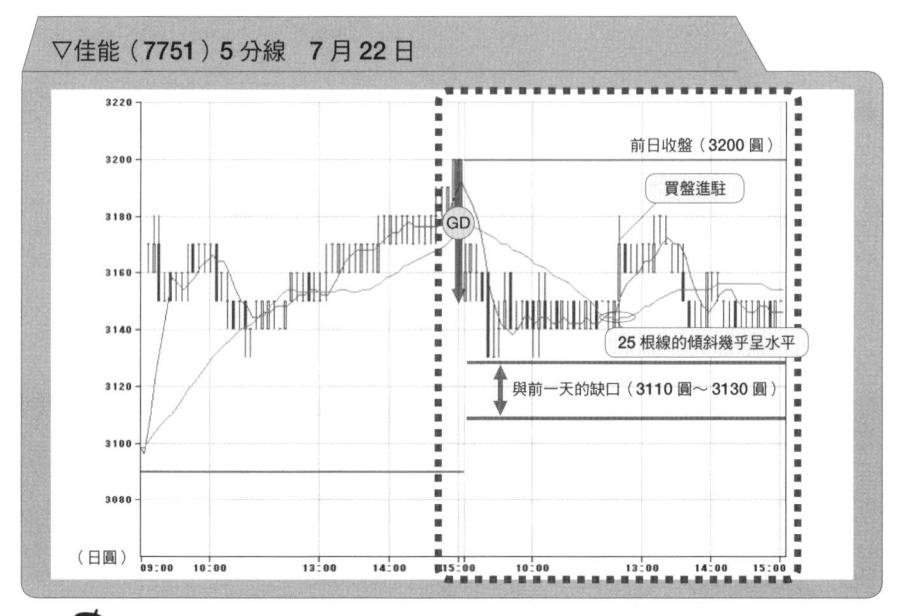

▽佳能（7751）5 分線　7 月 22 日

- 前日收盤（3200 圓）
- 買盤進駐
- GD
- 25 根線的傾斜幾乎呈水平
- 與前一天的缺口（3110 圓～3130 圓）

怠慢老師的小叮嚀

從橫向盤整的天數判斷線圖的動能。

A05 股價有可能破底，不如準備信用交易放空

> **截至前一天的股價波動**　成交量也很少，可以感受到破底的氣氛。

　　6月23日從跳空下跌開始，寫下2510圓的最低價後反彈。只不過，這一天的日經平均指數大幅滑落，所以股價的下挫是受到市場面的影響。再加上成交量與平常無異，用來判斷已經打好底部的根據還不夠。

　　2個營業日前的7月3日同樣在2535圓反彈，乍看之下好像形成W底，但成交量還太少，接下來會發展成反彈的力道被高點的賣壓制住的情況。7日瀰漫著破底的氛圍。

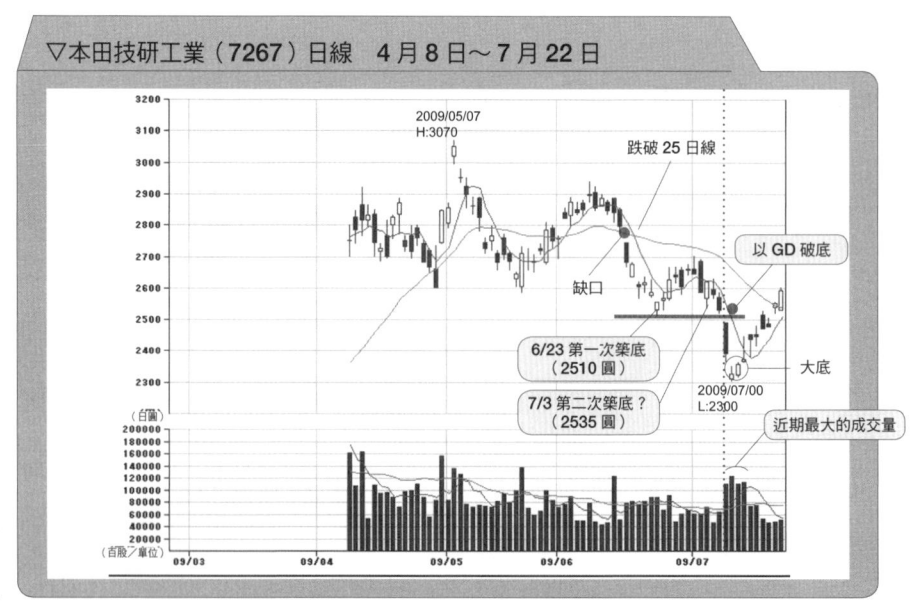

▽本田技研工業（7267）日線　4月8日～7月22日

- 2009/05/07 H:3070
- 跌破25日線
- 以GD破底
- 缺口
- 6/23 第一次築底（2510圓）
- 7/3 第二次築底？（2535圓）
- 2009/07/00 L:2300
- 大底
- 近期最大的成交量

174

PART 6　線圖與消息一起研判，穩賺！

當天的進攻方法：從跌破 2500 圓積極地「賣空」。

以跌破過去視為底部的 2500 圓的價位開盤，接下來的橫向盤整又跌破 2470 圓的低點，這時不妨再次進場賣空。橫向盤整一段時間後下跌，再次橫向盤整後又下跌，一再重複以上的狀況便是典型的下跌型態。

獲利了結的目標價，大概是出現第一次止跌的 10 點前，大約 2430 圓的地方。如果眼見反彈力道微弱，想撐久一點的人也可以等到進入下半場後，跌破 2400 圓時再出手。

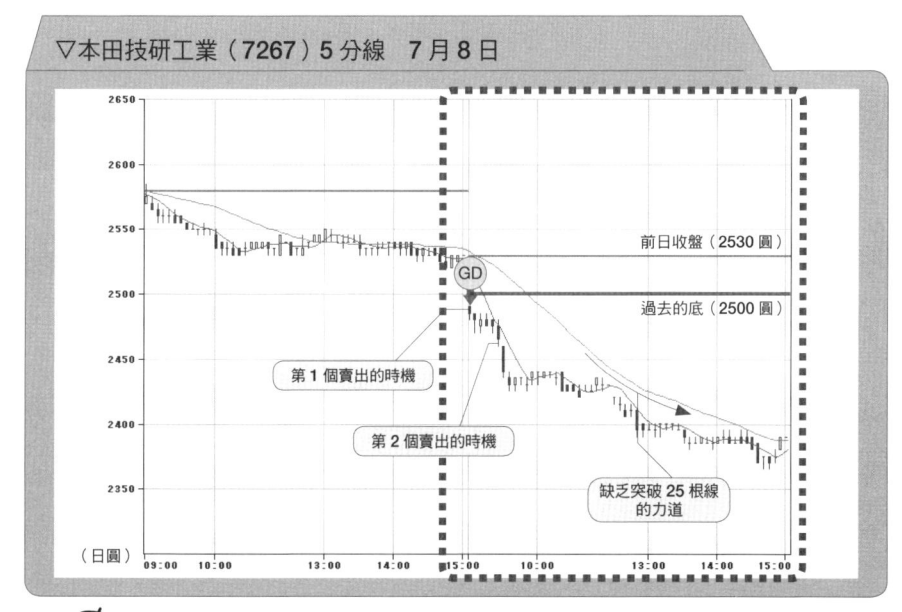

▽本田技研工業（7267）5 分線　7 月 8 日

- 前日收盤（2530 圓）
- 過去的底（2500 圓）
- GD
- 第 1 個賣出的時機
- 第 2 個賣出的時機
- 缺乏突破 25 根線的力道

怠慢老師的小叮嚀

破底後的賣壓會更加沉重。

A06 個股動能充足，才有可能兩階段上漲

> **截至前一天的股價波動**：有很多黃金交叉等續漲的訊號。

　　一直是陰線的日子發生變化。趨勢在 5 個營業日前的 21 日有所改變，出現陽線且跨過 25 日線。成交量與前一天幾乎沒有變化，從過去一直都是陰線，股價卻沒有下跌，可以判斷趨勢已經轉換。

　　隔天 22 日，以大幅度向上突破 25 日線的方式開盤，股價與成交量同時急漲，挺進價格壓力區。3 天來在 3300 圓一帶橫向盤整，低點也一路墊高，具有足夠的動能。25 日線也稍微向上反轉，呈現可能會實現兩階段上漲的線圖。

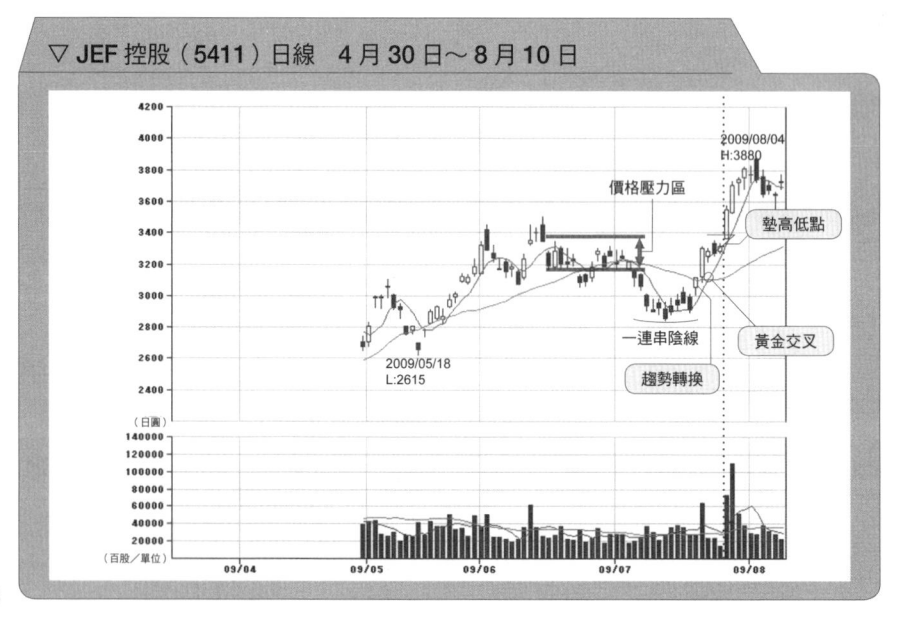

▽ JEF 控股（5411）日線　4 月 30 日～8 月 10 日

PART 6　線圖與消息一起研判，穩賺！

當天的進攻方法：大膽地在開盤買進。

跳空上漲的開盤價為 3360 圓，比前一天的最高價還多 30 圓。這個缺口或許令人有點掛心，但開盤就向上突破價格壓力區，最近下方也沒有缺口，因此可以預測為兩階段上漲的線圖，不妨大膽地買進。

如果是在開盤進場，獲利了結的目標價請鎖定 9 點半以前的高點 3440 圓。如果是之後才進場，不妨等到再漲一波（分線圖也是兩階段上漲），也就是突破今年的高點時。

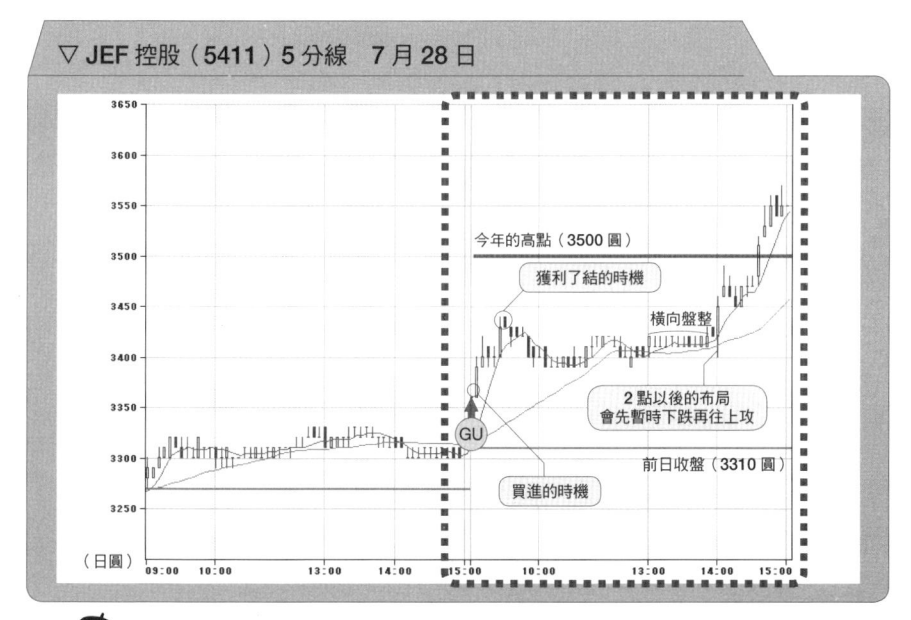

▽ JEF 控股（5411）5 分線　7 月 28 日

- 今年的高點（3500 圓）
- 獲利了結的時機
- 橫向盤整
- 2 點以後的布局會先暫時下跌再往上攻
- 前日收盤（3310 圓）
- 買進的時機
- GU

怠慢老師的小叮嚀：兩階段上漲是典型的買進訊號。請好好研究以便隨時都能因應。

A07 波動疲弱不用擔心，利空出盡就是進場時機

截至前一天的股價波動：股價波動疲軟，市場面也不理想。（7月7日交易結束時）

3個營業日前（7月3日）跳空開低破底之後，拋售潮一口氣加速，股價的波動非常疲弱。7月8日當天受紐約股市暴跌影響，一開始就大跌的可能性很高。

當整個市場以跳空下跌開盤的時候，要瞄準哪裡展開攻擊是很困難的問題，至今股價波動非常疲弱的個股，如果繼續跳空下跌就能安心購買。這在波段交易是特別有效的手法。不過，因利空題材而跳空開低的時候，一定會有「利空出盡」的一天。

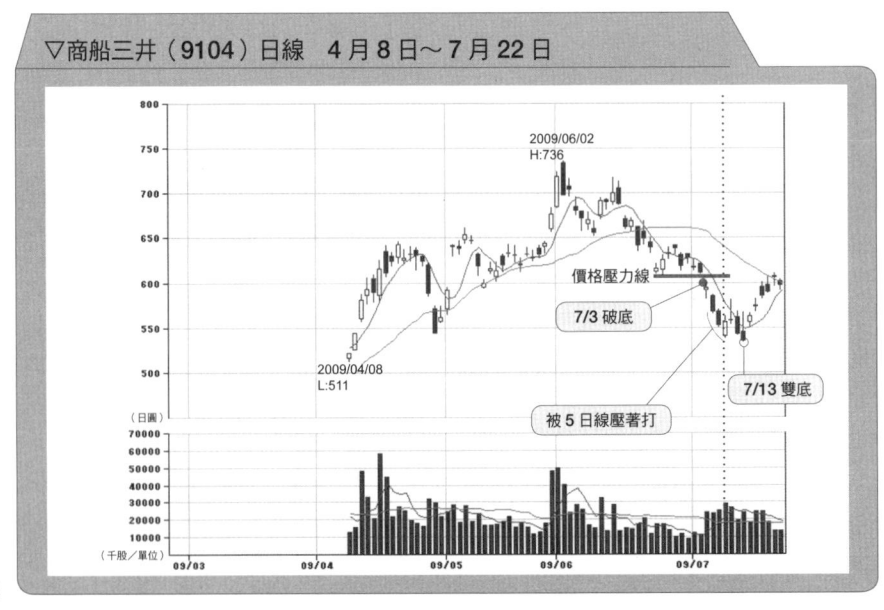

▽商船三井（9104）日線　4月8日～7月22日

2009/06/02 H:736
價格壓力線
7/3 破底
2009/04/08 L:511
被5日線壓著打
7/13 雙底

PART 6　線圖與消息一起研判，穩賺！

當天的進攻方法　看到大幅跳空開低就做多。

以比前一天收盤價便宜 12 圓的 540 圓開始。倘若以這個開盤價買進，考慮到填滿與前一天的最低點 550 圓之間缺口的可能性，最好以 545～550 圓為獲利了結的目標價。

填滿與前一天的缺口之後，會再次下探低點，跌破 540 圓的開盤價。然而，股價接下來將不會再下跌，確認股價隨即回防之後，可以放心地在 540～545 圓買進。這時也可能轉虧為盈，拉得比前一天的收盤價 552 圓還高。

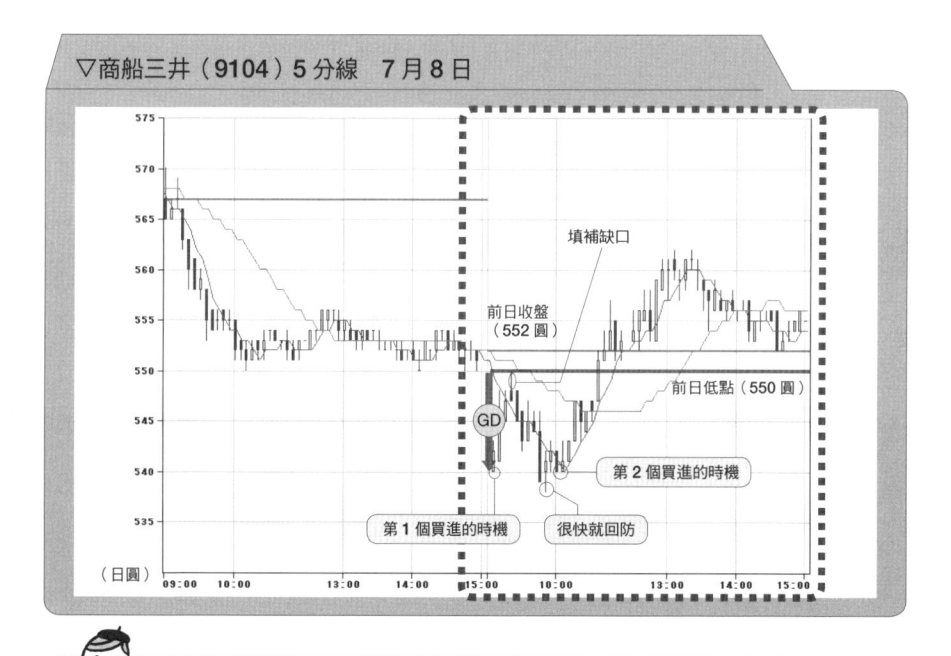

▽商船三井（9104）5 分線　7 月 8 日

填補缺口
前日收盤（552 圓）
前日低點（550 圓）
GD
第 2 個買進的時機
第 1 個買進的時機　很快就回防
（日圓）

怠慢老師的小叮嚀
下跌之後，受市場面影響繼續跳空開低時，回頭填補缺口的可能性很大。

179

A08 股價一直漲，要小心是否已利多出盡

> **截至前一天的股價波動**　線圖看起來，也未免太順利的上漲吧。
> （7月30日收盤後）

跨過25日線的股價連續3天上漲，經過3天的橫向盤整，在前一天30日一口氣上漲，實現了兩階段上漲。

第二天31日的早報上報導了，4～9月的業績向上修正的可能性很大，再加上市場面非常好，想必會大幅跳空開高。

這時，開盤時形成相當大的缺口，自13日跌破2000圓之後，股價仍持續上漲，30日的收盤價為2680圓，已經上漲了34%，根據當天的跳空開高，可以預測會不會已經「利多出盡」了？

▽奧林巴斯（7733）日線　4月30日～8月13日

- 雙頂
- 2009/07/31 H:2805
- 兩階段上漲
- 7/13 跌破 2000 圓
- 2009/05/01 L:1511

PART 6　線圖與消息一起研判，穩賺！

當天的進攻方法：看到賣壓沉重後，同樣賣空。

跳空上漲的開盤價為 2800 圓，比前一天的高點還多 120 圓。也可以開盤就放空，如果害怕軋空，等到開盤後突破 2800 圓，創下 2805 圓的高點，隨即出現沉重賣壓後再賣空也不遲。

獲利了結的目標價為第一次止跌的 2760 圓，如果心臟夠大顆的話，不妨進一步等下跌到 2740 圓一帶。

此外，考慮到出現利多題材的當天會比前一天跌更多的可能性不低，也可以在跌破 2700 圓的地方進場買進搶反彈。

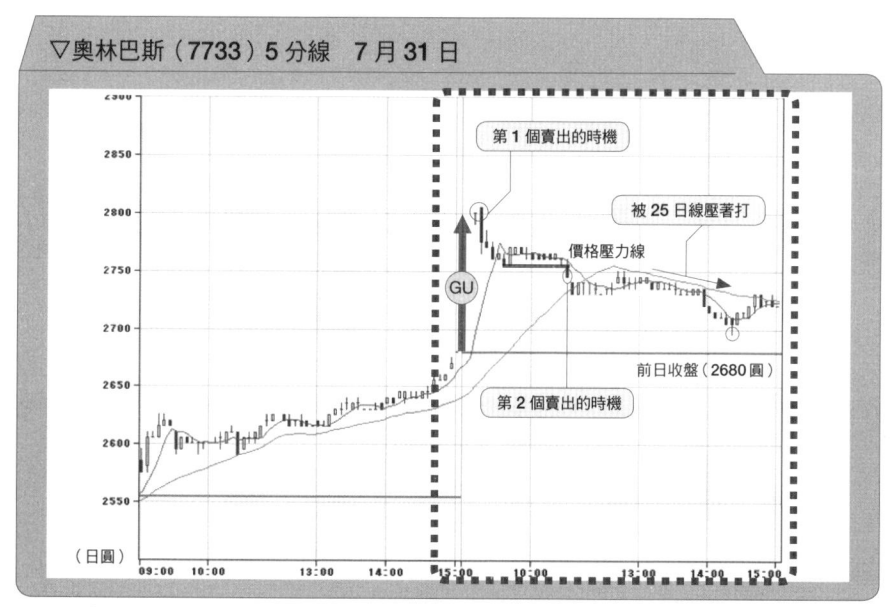

▽奧林巴斯（7733）5 分線　7 月 31 日

- 第 1 個賣出的時機
- 被 25 日線壓著打
- 價格壓力線
- GU
- 前日收盤（2680 圓）
- 第 2 個賣出的時機

怠慢老師的小叮嚀

研究開盤就是天花板的跳空上漲題材利多出盡的型態。

A09 個股賣壓重也別輕忽，滿足反彈條件可買進

> **截至前一天的股價波動**　賣壓愈發沉重，成交量增加。
> （7月24日終場收盤時）

27萬圓是截至目前的壓力線，23日跌破這個價位，開始破底，賣壓沉重。24日也繼續下跌。儘管這兩天的成交量比平常多出許多，依舊不能確定還會反彈，或許會讓人猶豫再三，不知道該不該買。

光看最近的股價可能不會注意到，5月中跳空開高跨過25日線時，在25萬2000圓至26萬圓之間的價位區間形成了比較大的缺口。24日的下跌其實填補了這個缺口，滿足反彈的條件之一。

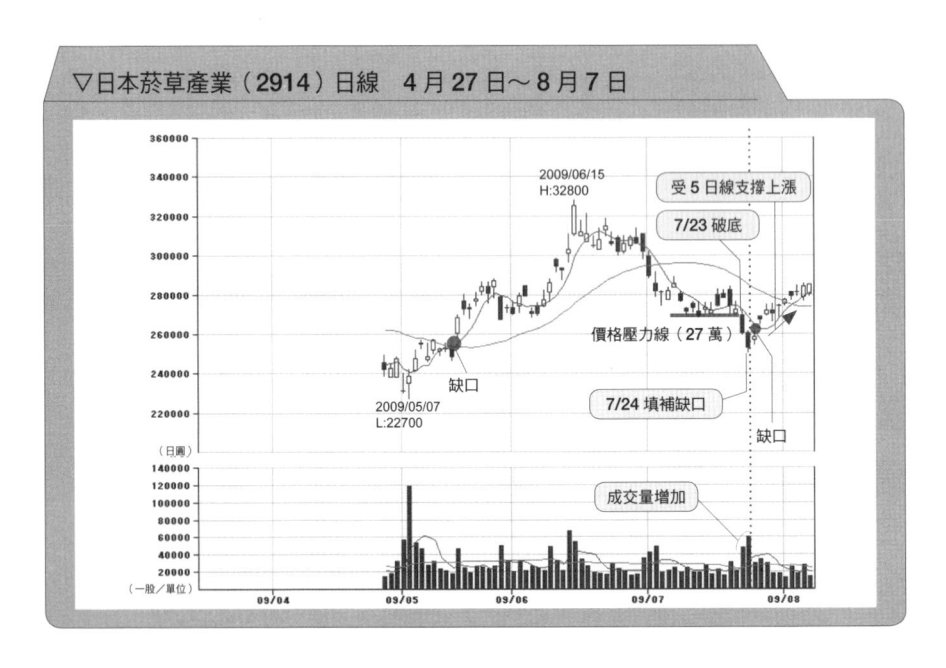

▽日本菸草產業（2914）日線　4月27日～8月7日

PART **6** 線圖與消息一起研判，穩賺！

> **當天的進攻方法**：在開盤後緊接而來的下跌時買進。

27 日的開盤受到市場面的影響，跳空上漲 4000 圓，以 26 萬 6600 圓開始。然而，受到近兩天下跌的印象影響，開盤後立刻湧入大量的賣單。在這裡買進是正確的選擇，因為截至前一天的線圖出現兩個反彈的訊號（填補缺口與成交量增加）。

獲利了結的目標價，是前一個營業日的 24 日開盤價、再前一天的 23 日收盤價附近的 26 萬圓一帶。這麼一來，也從 27 萬圓的破底跌到 25 萬圓的下跌區間恢復一半。

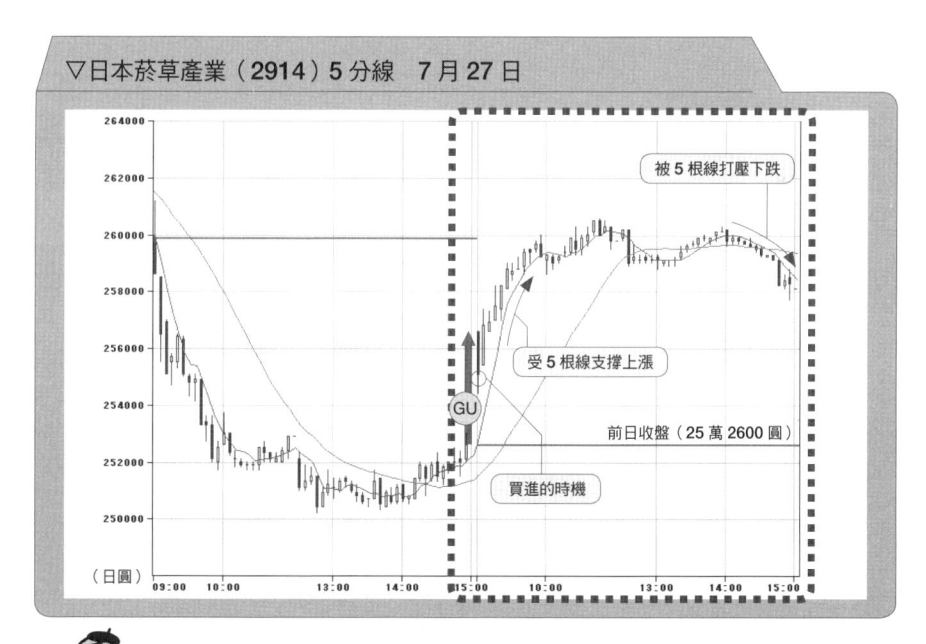

▽日本菸草產業（2914）5 分線　7 月 27 日

- 被 5 根線打壓下跌
- 受 5 根線支撐上漲
- 前日收盤（25 萬 2600 圓）
- 買進的時機
- GU

> **怠慢老師的小叮嚀**
> 別忽略了日線上的缺口。

183

A10 如果爆出利空條件，放空比做多更保險

截至前一天的股價波動　高檔區的橫向盤整。（8月26日終場收盤時）

　　6月中到7月初一直在280圓橫向盤整，11日留下一個很大的缺口，急速上漲。17日由於瑞士信貸集團調高目標價格，開盤就跳空上漲，然後受賣壓影響下跌。感受到沉重的賣壓，在高檔區橫向盤整。

　　在這種情況下，不難想像是因為受到26日宣布董事長辭職相當大的影響，所以如果隔天27日跳空開低的話，就會有意識地去填補下方的那個大缺口。

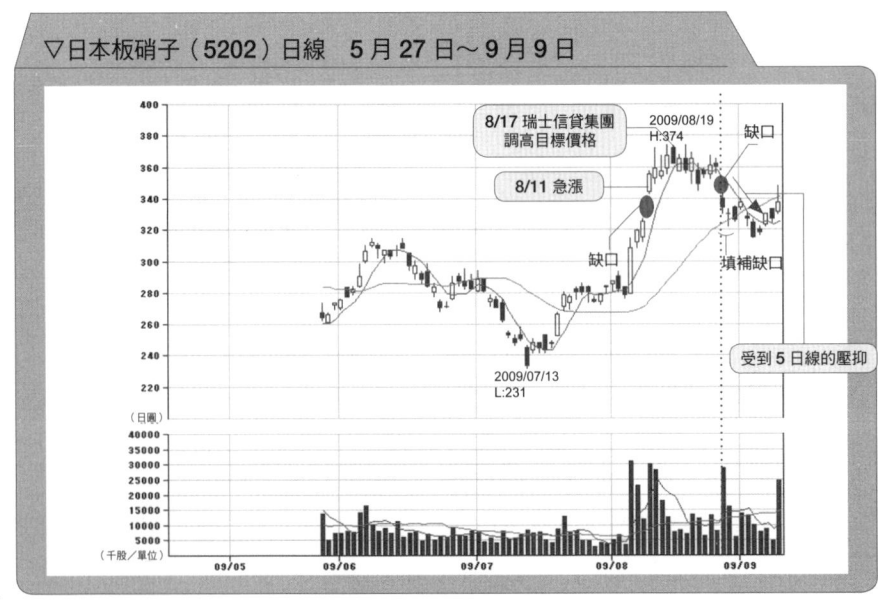

▽日本板硝子（5202）日線　5月27日～9月9日

PART 6　線圖與消息一起研判，穩賺！

當天的進攻方法　有自信地開盤就賣空。

開盤價為 340 圓，比前一天跌了 20 圓。從董事長辭職這個利空消息來看，不容易判斷這種下跌幅度是大還是小，但是開盤後就瞬間被買回到 343 圓。

然而，由於開盤的時候就已經攻進 11 日留下的缺口上方，再加上至今都在高檔區橫向盤整，被視為是「絕佳的賣出題材」，賣單紛紛出籠，一路跌到缺口下方的 330～335 圓。

獲利了結的時機為上半場在 330～335 圓橫向盤整的時機。

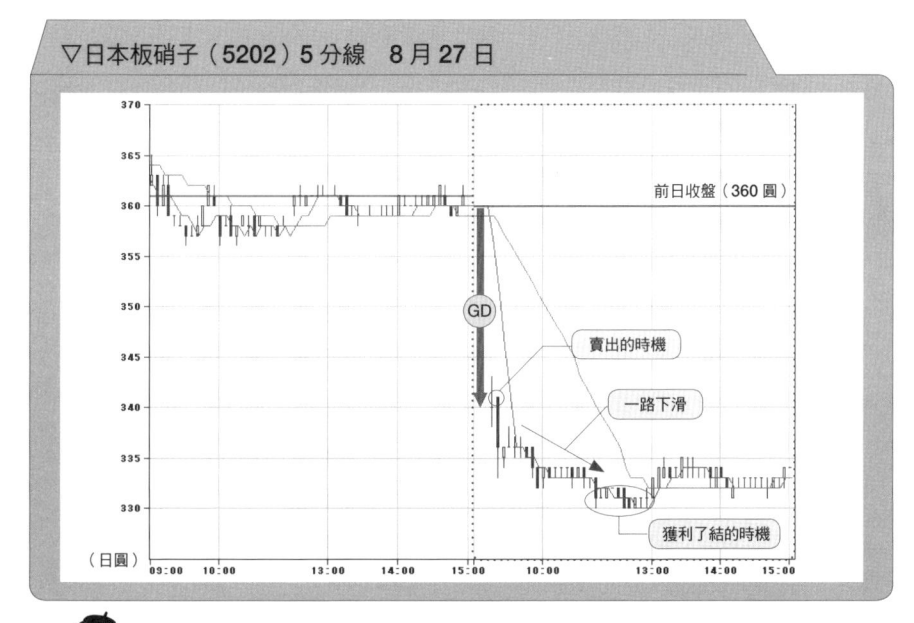

▽日本板硝子（5202）5 分線　8 月 27 日

怠慢老師的小叮嚀
在橫向盤整的市場，要耐心等待會讓動能往某一個方向釋放的題材。

185

A11 開盤就是最高點，可能是漲過頭的跡象

截至前一天的股價波動　TOB 報導後開高。（8 月 7 日終場收盤時）

即使在 7 月 31 日向上突破 25 日線，但由於 6 月下旬已經在 270 圓至 290 圓之間形成價格壓力區，一直處於碰到其下限就彈回的狀態。7 日收盤後發表了財務報告，宣布大幅向下修正。光是向下修正，10 日應該就會大幅地跳空開低，但是 10 日早上的 TOB 報導整個推翻了上述的預測。

由於 TOB 價格的決定幾乎與業績無關，因此可以預料開盤就會湧入買盤。

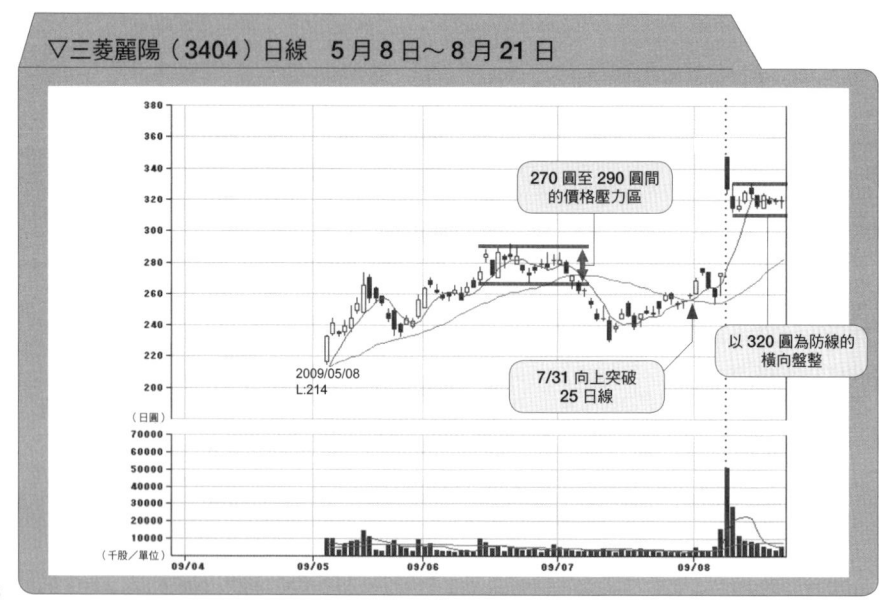

▽三菱麗陽（3404）日線　5 月 8 日～8 月 21 日

- 270 圓至 290 圓間的價格壓力區
- 7/31 向上突破 25 日線
- 以 320 圓為防線的橫向盤整
- 2009/05/08 L:214

PART 6　線圖與消息一起研判，穩賺！

當天的進攻方法：在跳空開超高的開盤以後賣空。

開盤為 348 圓，比前一天多了 75 圓，從低於漲停板 5 個最小升降單位開始。說明白了就是漲過頭。即使報導是真的，也只是「希望能在今年內達成共識」的程度，距離正式 TOB 還有一段時間。很難想像會發展成鎖漲停，風險也很低，所以請鼓起勇氣來賣空。

從開盤的瞬間開始湧入大量的賣盤，雖然在 340 圓抵抗了一陣子，但是連 5 根線也支撐不住，頓時跌破 330 圓，然後又稍微回彈，直到下午 2 點過後，都以 320 圓為防線，持續橫向盤整。

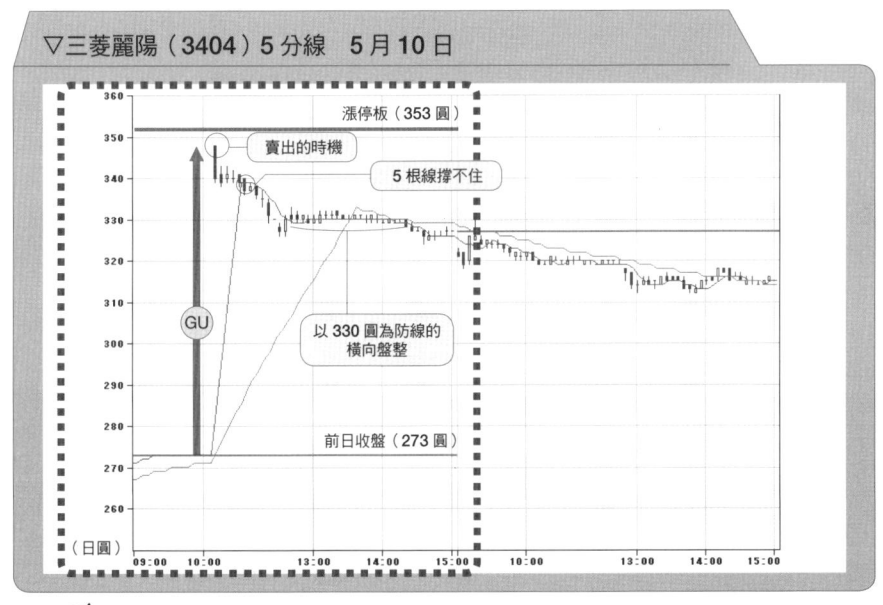

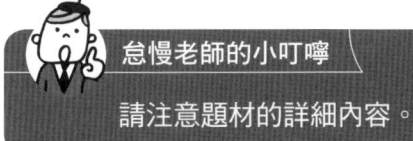

▽三菱麗陽（3404）5 分線　5 月 10 日

- 漲停板（353 圓）
- 賣出的時機
- 5 根線撐不住
- GU
- 以 330 圓為防線的橫向盤整
- 前日收盤（273 圓）

怠慢老師的小叮嚀
請注意題材的詳細內容。

A12 股價續漲沒跟到，在回檔時買進也能賺

截至前一天的股價波動：大型券商宣布調高目標價格 580。（6月30日終場收盤時）

6月15日創下389圓的高點，然後就開始下跌，24日跌破了25日線，跌到300圓附近。然而，5月下旬到6月上旬一直在300圓的上方橫向盤整，形成了價格壓力區，所以會反彈，然後以25日線為防線，進行攻防戰。

高盛調升評等的消息在7月1日開盤前傳遍市場，導致市場充斥著買氣，買單一再追加，開盤可能會從非常高的價位起跑。不過，目標價580圓給市場的衝擊太強烈，所以開盤後會變得難以預測。

▽AIFUL（8515）日線　3月30日～7月13日

PART 6　線圖與消息一起研判，穩賺！

> **當天的進攻方法**：在壓回時買進。

開盤為355圓，比前一天多了45圓。感覺在以350圓關卡為中心的一陣亂漲亂跌之後漲太多了，瞬間被賣壓打到345圓。但是因為這時距離580圓的目標價格還有200圓以上的成長空間，再加上5根線的支撐作用，立刻反彈。市場面也不錯，所以再度進攻350圓關卡，上半場的股價波動暫時處於兵荒馬亂的狀態。

空單退場後，來到下半場，買氣升高，暫時漲到385圓，比前一天還多了75圓，但是沒有推升到漲停板，終場以371圓作收。

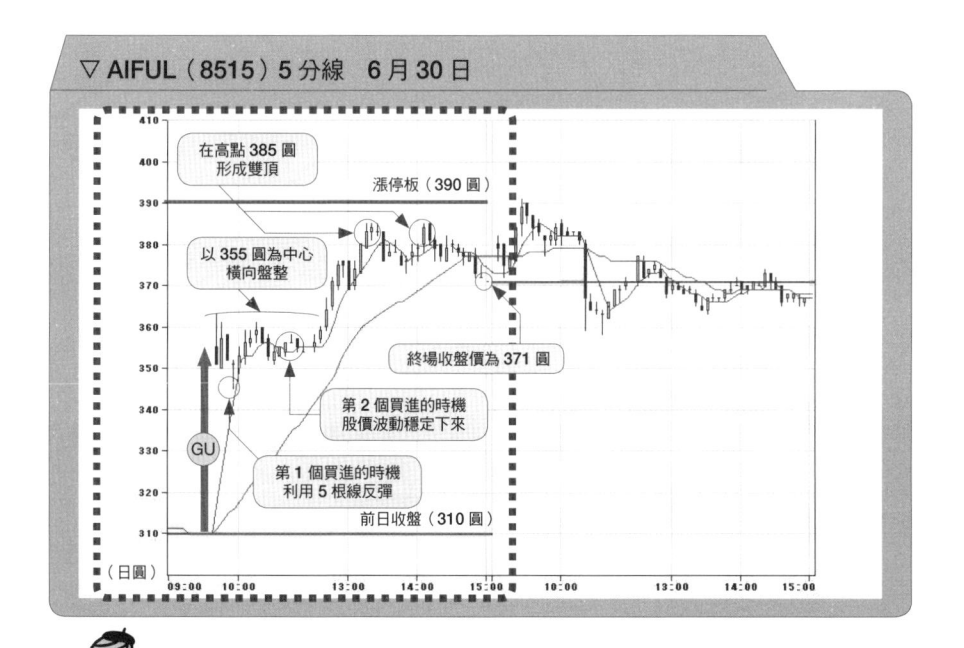

▽ AIFUL（8515）5分線　6月30日

- 在高點385圓形成雙頂
- 漲停板（390圓）
- 以355圓為中心橫向盤整
- 終場收盤價為371圓
- 第2個買進的時機　股價波動穩定下來
- 第1個買進的時機　利用5根線反彈
- GU
- 前日收盤（310圓）

> **怠慢老師的小叮嚀**
> 股價高漲的尾聲以調升評等為契機，迎接末升段的股票也不少。

A13 利多消息支撐股價，也得留意美國股市的影響

截至前一天的股價波動：調升評等以後，股價持續劇烈波動。

　　如果是在高檔區調升評等，在稍微上漲的地方形成天花板的型態屢見不鮮，即使是這種情況，調升評價的效果至少也能維持個幾天。隨著宣布調升評等，突破 3000 圓的整數關卡，第二天寫下 3230 圓的高點，拉出長長的上影線。再第二天還會稍微上漲，在這條上影線的地方橫向盤整。截至目前是前一天的股價波動，這時還能感覺有些許上漲空間。然而，受到美國的影響，第二天想必會因為市場面跳空開低，所以很難衝破上影線。

▽富士軟片控股（4901）日線　4月3日～7月16日

- 6/30 宣布調升評等
- 2009/07/01 H:3230
- 缺口
- 價格壓力區
- 受 5 日線的抑制下跌
- 2009/04/08 L:2335

PART 6 線圖與消息一起研判，穩賺！

| 當天的 進攻方法 | 以市場面跳空開低為前提買進。 |

以 3020 圓的開盤價跳進去買是正確解答。或許會很在意宣布調升評等當天形成的下方缺口，但是受到 5 日線的支撐（前一天 7 月 2 日收盤後的時候為 3007 圓），在沒有什麼利空題材的情況下，很難想像會跳空開低，甚至是跌破 3000 圓的整數關卡，因此投資人可以更能放心地買進。

與前一天的最低價 3110 圓形成的缺口具有填補的可能性，所以獲利了結的目標價不妨落在這之前的價位。

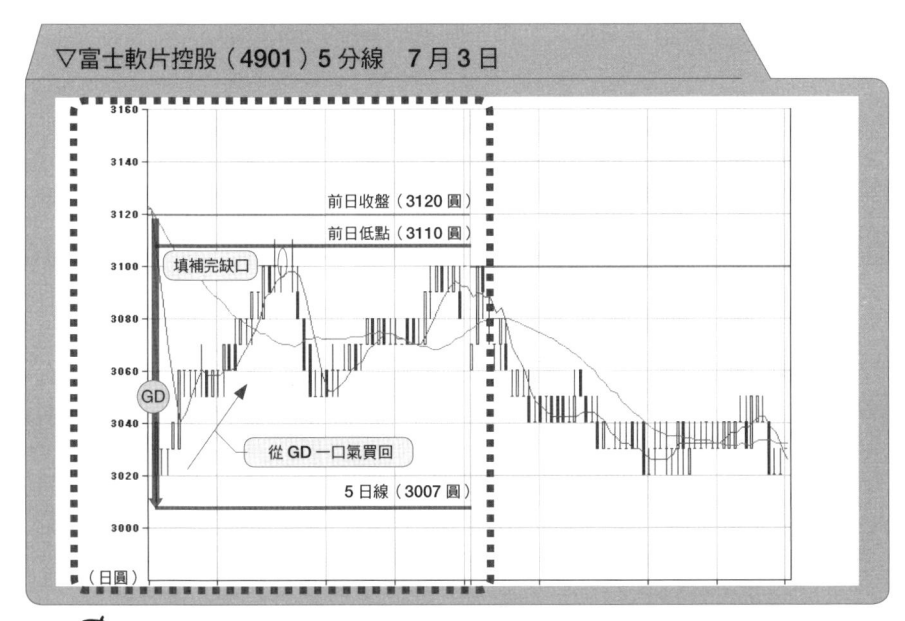

▽富士軟片控股（4901）5 分線　7 月 3 日

- 前日收盤（3120 圓）
- 前日低點（3110 圓）
- 填補完缺口
- GD
- 從 GD 一口氣買回
- 5 日線（3007 圓）
- （日圓）

| 怠慢老師的小叮嚀 | 認識 5 日線的力量。 |

A14 開盤跳空開低的股票，撤退時要更乾淨俐落

截至前一天的股價波動：摸索漲跌方向時，出現了利多題材。

6月寫下423圓的高點後，7月調整到跌破340圓，接下來到股價回穩急漲前的幾天都在380圓大關前橫向盤整。

在摸索方向的情況下，8月26日中午宣布進軍鋰電池事業的新聞成了進場的利多題材。鋰電池相關產業是這一年的熱門題材，即使2013年才開始量產，與目前的業績沒什麼關係，即使像三菱重工這種超大型的股票，也會有一段時間股價劇烈震盪。

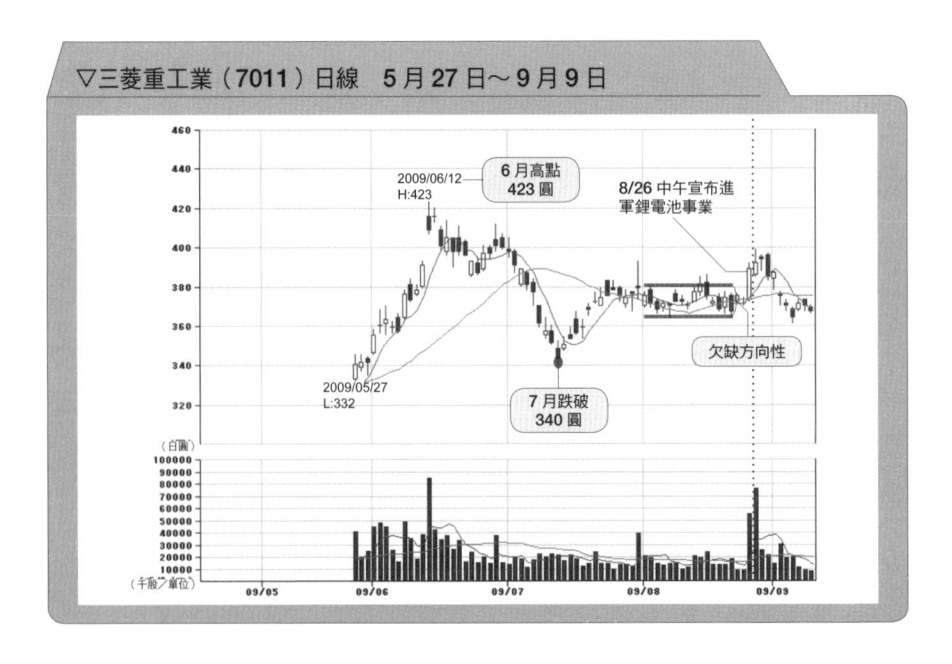

▽三菱重工業（7011）日線　5月27日～9月9日

PART 6 線圖與消息一起研判，穩賺！

當天的進攻方法：開盤買進之後馬上賣掉。

和其他個股比起來，開盤不會大幅度的跳空開低。這是前一天很強勢的個股經常可以看到的現象。在這裡做多需要勇氣，但應該要有「不入虎穴焉得虎子」的覺悟，在跳空開低的時候買進。

只不過，這種在跳空開低的時候買進也有很大的風險，隨著時間經過，股價可能會打回原形，甚至跌到開盤價以下，所以不管漲不漲得上去都要乾脆地撤退。在突破400圓的整數關卡前受到壓力的可能性很高，所以不妨少賺個10圓，396圓左右就該賣掉了。

▽三菱重工業（7011）5分線　8月27日

- 整數關卡（400圓）
- 前日高點（392圓）
- 前日收盤（389圓）
- 買盤從開盤迅速回籠一口氣刷新高點
- 買進的時機

怠慢老師的小叮嚀
急漲隔天的跳空開低不妨鎖定「開盤買進趕快賣」。

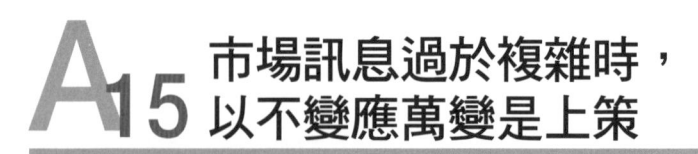

A15 市場訊息過於複雜時，以不變應萬變是上策

截至前一天的股價波動　期待與警戒交錯的財報公布前一天。（8月3日終場收盤時）

　　首先是鈴木。股價從7月中隔著25日線的橫向盤整，隨著公布財報的日子愈來愈靠近，基於對財報亮眼的期待，開始向上波動。公布財報的當天，從2385圓漲到2480圓，形成範圍比較大的十字線。不妨將此視為對財報的期待，與打算在公布前先獲利了結的動作交錯而成的結果。

　　總覺得如果財報亮眼就該買，但是因為沒有向上修正，所以這是財報亮眼的利多已反應在股價裡的典型線圖。

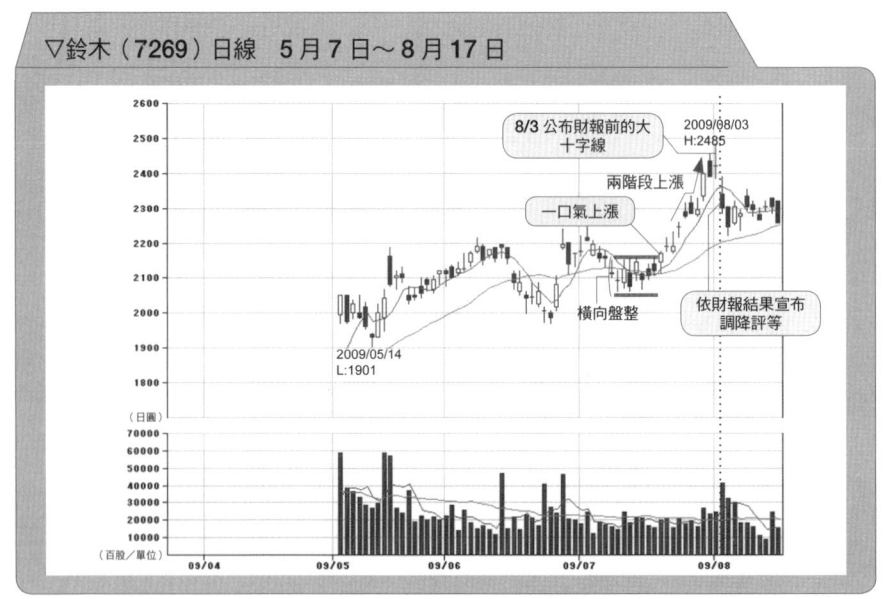

▽鈴木（7269）日線　5月7日～8月17日

PART **6** 線圖與消息一起研判，穩賺！

> **當天的進攻方法** 在得知調降評等的消息時賣出。

前一天 30 日公布了亮眼財報的鈴木開始出現賣出的氣氛。開盤為 2340 圓，比前一天少了 80 圓，跌破 5 日線。之後繼續湧入大量賣單，一路跌到 2315 圓。

這是受到調降評等的影響。公布財報後，野村證券將投資判斷從「1（強力做多）」調降到「2（中立）」。市場以為是「利多出盡」，過一陣子買氣就會回籠，填補與前一天低點的缺口。然而，由於調降評等的消息會慢慢發酵，下半場就跌破了 2300 圓。

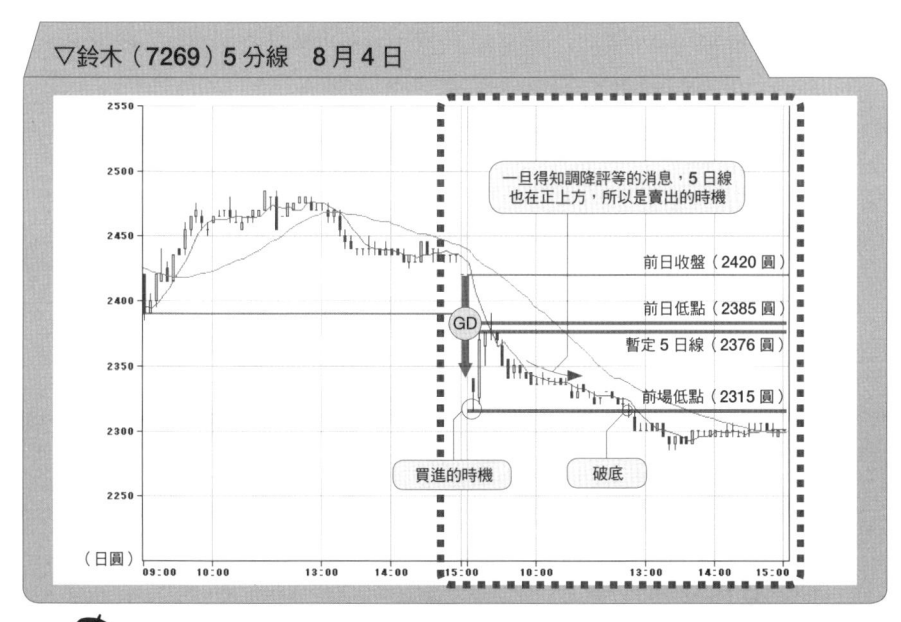

▽鈴木（7269）5 分線　8 月 4 日

- 一旦得知調降評等的消息，5 日線也在正上方，所以是賣出的時機
- 前日收盤（2420 圓）
- 前日低點（2385 圓）
- 暫定 5 日線（2376 圓）
- 前場低點（2315 圓）
- GD
- 買進的時機
- 破底

> **怠慢老師的小叮嚀**
> 公布財報的隔天，要小心評等的變動。

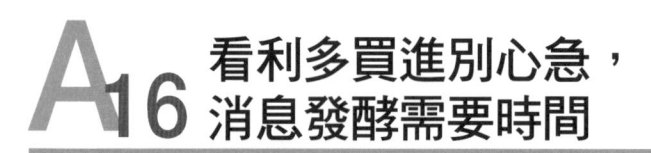

A16 看利多買進別心急，消息發酵需要時間

截至前一天的股價波動：因期待財報結果而急漲。（7月30日終場收盤時）

　　接著是索尼的線圖。7月13日寫下2145圓的低點，第二天跳空開高，股價一口氣回到5日線以上。之後，以夾著5日線與25日線的方式橫向盤整，一路將低點墊高。基於對收盤後要公布財報的期待，30日跳空開高突破25日線，股價大大地上漲一番。

　　季報表雖然呈現虧損狀態，但是和上一季比起來，收支大幅改善。有鑑於此，野村證券將投資判斷由2改成1，並將目標價格調高到2900圓，因此第二天會產生劇烈的波動。

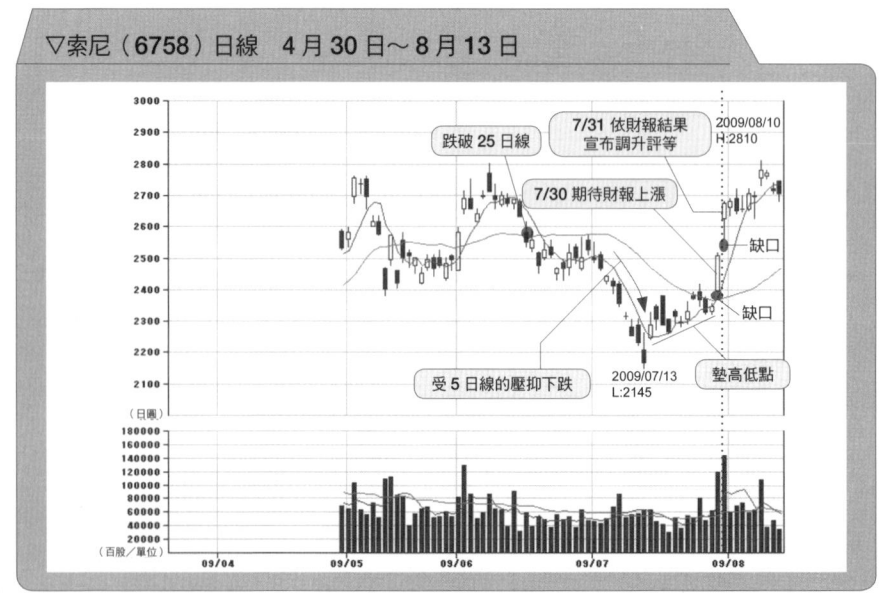

▽索尼（6758）日線　4月30日～8月13日

PART **6** 線圖與消息一起研判，穩賺！

> **當天的進攻方法**　一知道調升評等的消息就買進。

第二天因為虧損大幅縮小與市場面良好，31日以2625圓大大地跳空開高，比前一天多了120圓。然而，由於30日的股價留下缺口大幅度上漲，因此形成第二個缺口，再加上大家都意識到利多出盡，市場暫時會由賣方佔上風。

野村證券調評等的消息在10點過後開始慢慢地發揮效果，股價開始上漲。下半場以突破上半場的高點作收，最後比前一天上漲了170圓。

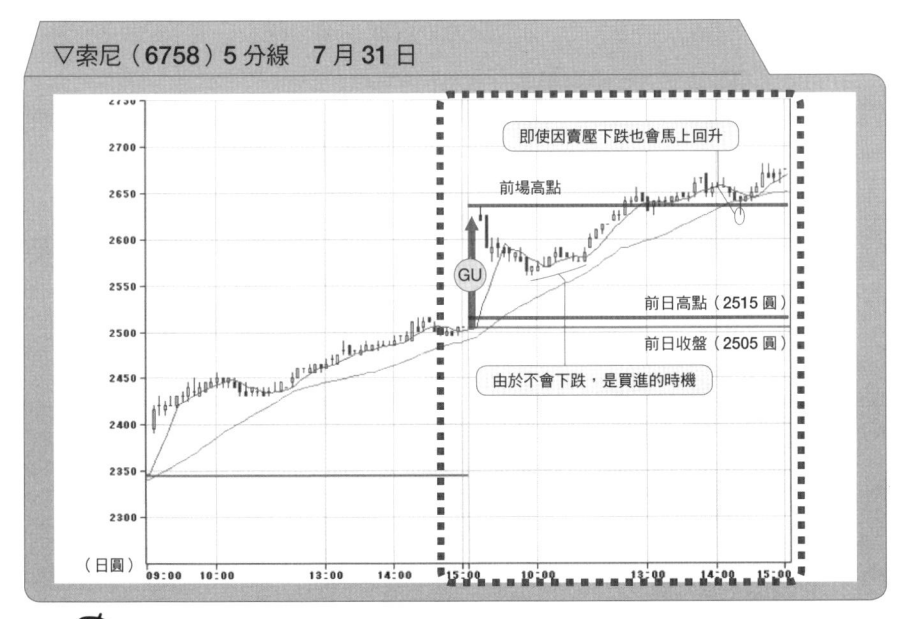

▽索尼（6758）5分線　7月31日

即使因賣壓下跌也會馬上回升
前場高點
GU
前日高點（2515圓）
前日收盤（2505圓）
由於不會下跌，是買進的時機
（日圓）

> **怠慢老師的小叮嚀**
> 評等的變動就像一拳打在肚子上，非常有效。

A17 有上漲動能卻出現賣壓，等跳空缺口回補後再進場

截至前一天的股價波動　交織著對財報的期待與警戒。
（8月4日終場收盤時）

　　6月15日寫下195圓的高點，7月13日則創下117圓的低點，8月4日的股價劇烈波動，收在159圓。最近在3個營業日前向上突破25日線，第二天強勢上漲。這是因為期待財報的效果。

　　8月4日開始出現反轉。這是因為決定在公布財報前先獲利了結的賣單先跑了，導致股價下跌。看到股價下跌的人，基於財報可能不盡理想的臆測也跟著賣，導致股價進一步下跌。

　　結果財報非常亮眼，還向上修正了財務預測。

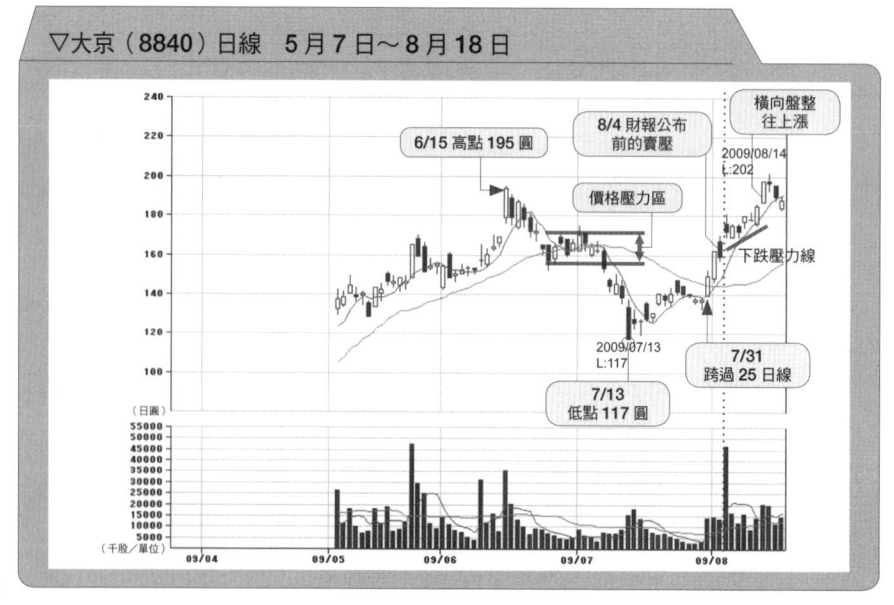

▽大京（8840）日線　5月7日～8月18日

PART **6** 線圖與消息一起研判，穩賺！

> **當天的進攻方法**：填補完與前日高點的缺口，就買進。

5 日以 176 圓開盤，比前一天高 17 圓。多了 10%，跨過 170 圓以下的價格壓力區。儘管如此，考慮到向上修正的內容，還可以繼續做多，但是開盤時形成與前日高點 170 圓之間的缺口，令人擔心。將近 30 分鐘之間，會被陸續湧入大筆的賣單壓著打。

當股價壓回到 169 圓，填補完缺口就可以買進。下半場會把股價一路推升到 181 圓，但是在那一瞬間出現大量的賣壓，一路壓回到 175～180 圓左右，在那之後的波動就轉弱了。

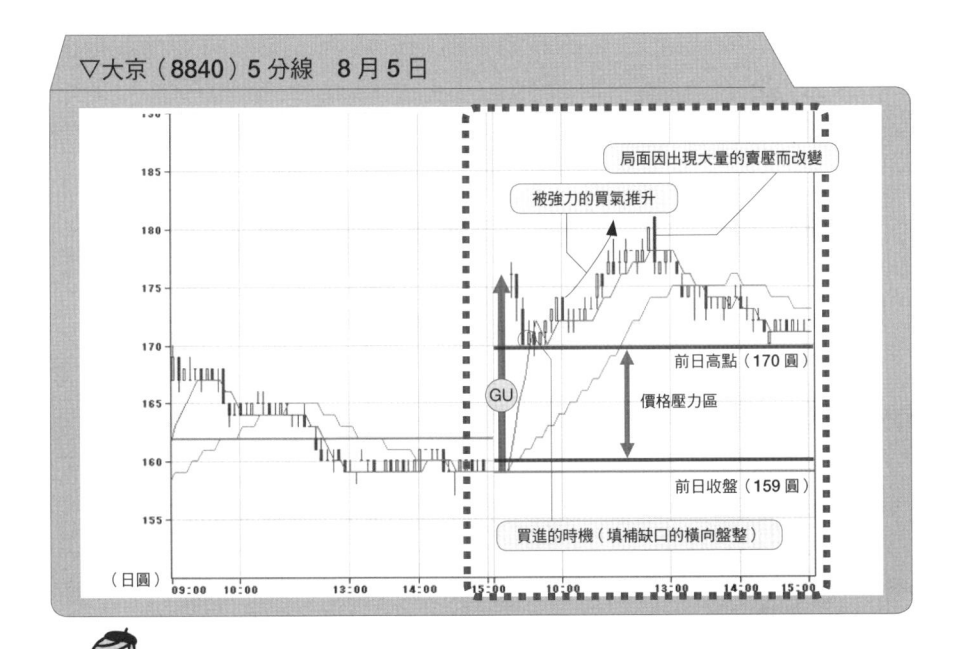

▽大京（8840）5 分線　8 月 5 日

- 局面因出現大量的賣壓而改變
- 被強力的買氣推升
- 前日高點（170 圓）
- 價格壓力區
- 前日收盤（159 圓）
- 買進的時機（填補缺口的橫向盤整）
- GU

> **怠慢老師的小叮嚀**
> 因為財報亮眼所形成的大幅跳空開高，請不要一開盤就飛蛾撲火。

A18 突破盤整價格壓力區，股價有機會被推升

截至前一天的股價波動：看不見方向，成交量微增。（8月3日終場收盤時）

看下面的線圖也知道，這幾個月來都處於看不出方向的狀態。從低點跨過 25 日線以後，K 線在 25 日線的上方來來去去，不難發現股價正暫時養精蓄銳。不過，這兩天在價格壓力區的正下方，有比較多的成交量，25 日線也漂亮地往上走，因此將其解讀為正處於是否要變成上升趨勢的關卡。

雖然財報呈現虧損，卻大幅度地向上修正。開盤肯定會跳空開高，但線圖沒什麼強而有力的陽線，也令人有點忐忑。

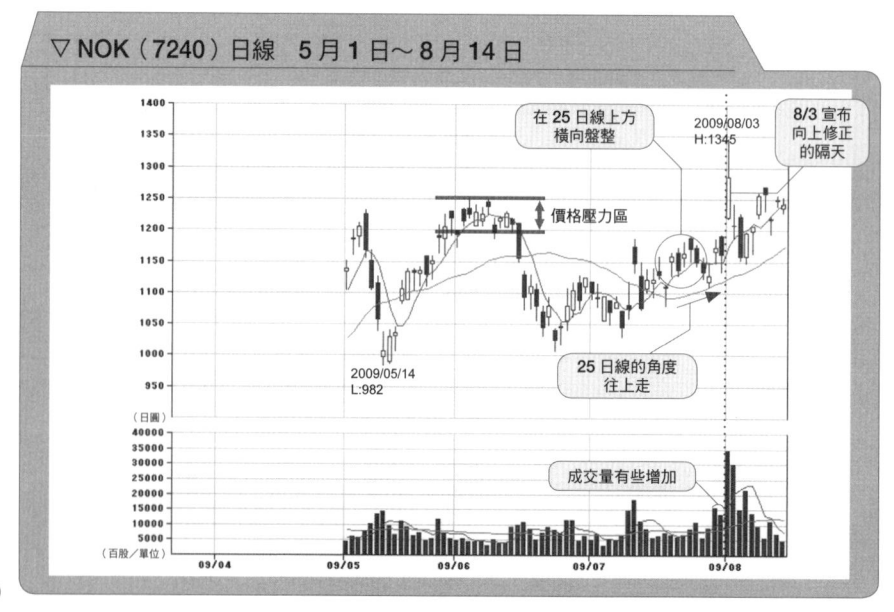

▽NOK（7240）日線　5月1日～8月14日

PART **6** 線圖與消息一起研判，穩賺！

| 當天的 進攻方法 | 突破價格壓力區就買進。 |

儘管大幅度向上修正，開盤價 1220 日圓也比前一天多出 59 圓（＋5% 左右）。猜想恐怕是因為這個價位以前形成過價格壓力區，才會與想像中的開盤價有這麼大的落差，真是「令人跌破眼鏡的開盤」，開盤的價位明顯過低。接下來受到 5 根線的支撐，再加上賣空被軋，買氣回籠，一口氣把股價推升上去。

開盤有時也會這樣，所以事先用限價下單，如果以這個價格開盤買進也是一種方法。只要以跌破 5 根線為撤退條件，就能獲利。

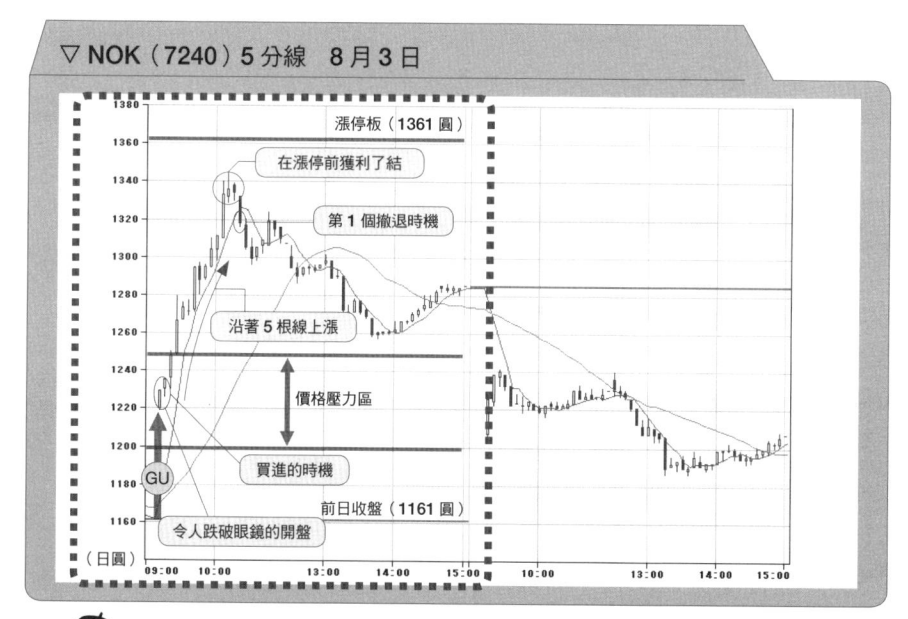

▽NOK（7240）5 分線　8 月 3 日

漲停板（1361 圓）
在漲停前獲利了結
第 1 個撤退時機
沿著 5 根線上漲
價格壓力區
買進的時機
GU
前日收盤（1161 圓）
令人跌破眼鏡的開盤
（日圓）

怠慢老師的小叮嚀

也存在著開盤走低，隨後突然急漲的股價型態。

A19 股價下方有支撐，就是利空消息的安全氣囊

截至前一天的股價波動：宣布向下修正，但底下有 25 日線和 1000 圓的整數關卡。（7 月 31 日終場收盤時）

7 月中向上突破 25 日線後，在 1000 圓前方橫向盤整，31 日向上突破，構成類似兩階段上漲的線圖。光看這個線圖，第二天會很想出手，但應該認為這張線圖是基於「公布財報前的期待買進」的結果。然而，眾所期待的財務報告卻是令人遺憾的向下修正。

第二天肯定會跳空開低，1000 圓的整數關卡底下就是 25 日線，在 1000 圓附近有 2 條頑強的壓力線。這會對第二天造成什麼樣的影響呢？著實難以預測。

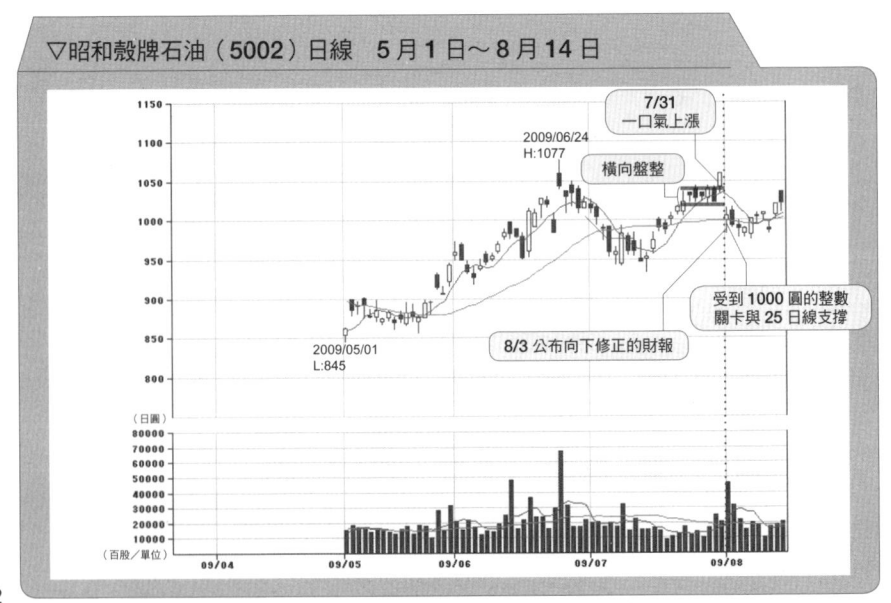

▽昭和殼牌石油（5002）日線　5 月 1 日～8 月 14 日

圖中標示：
- 2009/06/24 H:1077
- 2009/05/01 L:845
- 橫向盤整
- 7/31 一口氣上漲
- 8/3 公布向下修正的財報
- 受到 1000 圓的整數關卡與 25 日線支撐

PART 6　線圖與消息一起研判，穩賺！

當天的進攻方法　1000圓與25日線會成為支撐線，動向難以預測。

受到向下修正的影響，從跳空下跌開始，以位於25日線上方的999圓為開盤價。自己很難預測市場對財報的評價，因此在這個瞬間買進是很危險的。即使想再拉低價位，也會受到支撐，正確答案是在突破1000圓的時候買進。倘若不趁著漲破1%的1010圓一帶盡快獲利了結，即會再度面臨沉重的賣壓，出現帳面虧損。風向會從下半場開始改變，輕易地回到1000圓。不難看出會變成打底的行情，由2條頑強的壓力線支撐。

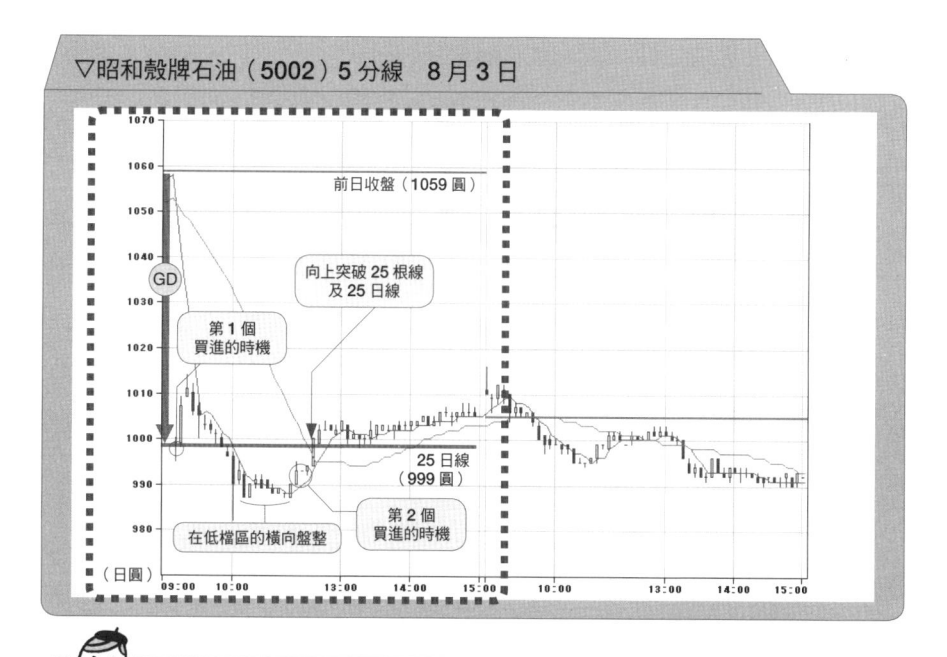

▽昭和殼牌石油（5002）5分線　8月3日

怠慢老師的小叮嚀　有2條壓力線的話，其強度也會變成2倍。

A20 股價向下跳空卻開高，最好不要進場

截至前一天的股價波動：上升趨勢轉換，前一天會跌破 5 日線。（8 月 5 日終場收盤時）

　　長期受到 25 日線的支撐，一旦跌破 25 日線，就會進行調整。7 月中發生了黃金交叉，5 日線幾乎維持在固定的角度，股價以單純的方式上漲。

　　然而，截至目前的市場情況是自 8 月 4 日出現陰線後，5 日也跌破了 5 日線。出現在 5 日收盤的向下修正，比分析師預測的平均值摔得更慘，由此可以預測會大幅跳空開低。

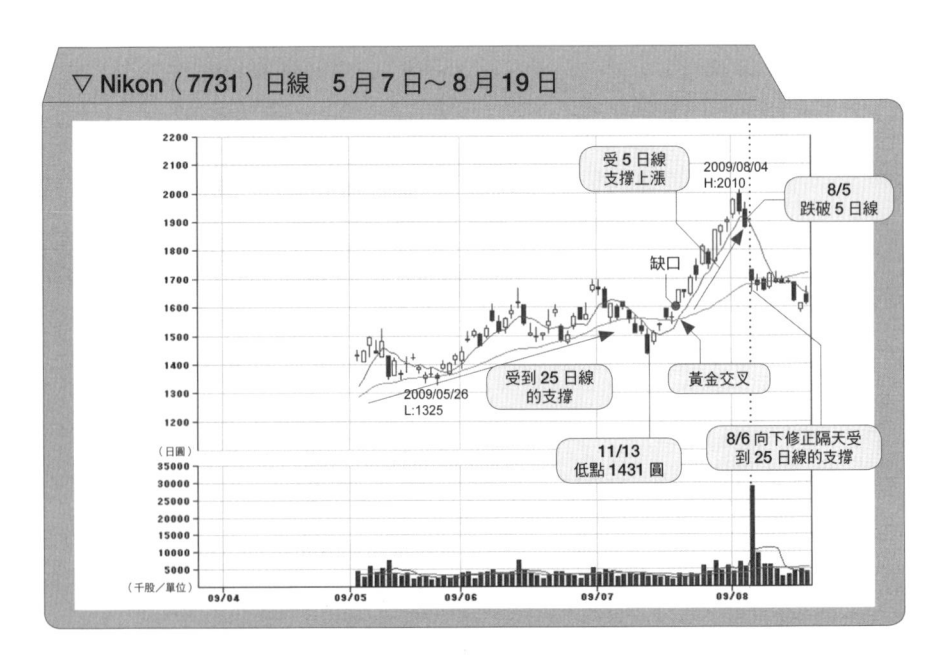

▽Nikon（7731）日線　5 月 7 日～8 月 19 日

- 受 5 日線支撐上漲
- 2009/08/04 H:2010
- 8/5 跌破 5 日線
- 缺口
- 受到 25 日線的支撐
- 2009/05/26 L:1325
- 黃金交叉
- 11/13 低點 1431 圓
- 8/6 向下修正隔天受到 25 日線的支撐

PART 6　線圖與消息一起研判，穩賺！

| 當天的
進攻方法 | 跳空下跌的程度很微弱，不要做多也不要放空。 |

　　就算跳空下跌，開盤價也高得令人跌破眼鏡，但轉眼間就跌破了 1700 圓，然後在 5 根線附近，繼續受到賣單的攻擊，甚至跌到 1650 圓附近，形成兩階段下跌。套在開盤高點附近的人看到跌破 1700 圓以後繼續往下探底，再也忍不住開始拋售持股。

　　下半場從跳空開高開始，受到 25 日線的支撐，之後再次跨過 1700 圓，這是因為有兩家證券公司祭出「必殺調升評等效果」。然而，上半場的高點附近已經形成雙頂，使得股價再度下跌。

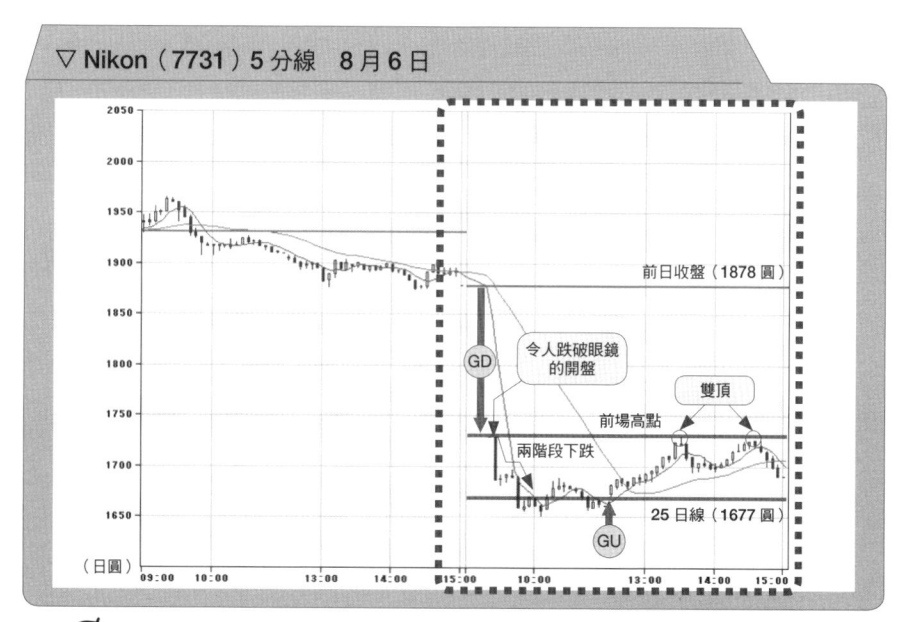

▽Nikon（7731）5 分線　8 月 6 日

怠慢老師的小叮嚀

也可能會出現「明明大幅向下修正卻調升評等」的型態。

205

A21 股價跌破橫向盤整價格，可能在5日均線反彈

截至前一天的股價波動：從高點的橫向盤整進入調整階段。（7月9日終場收盤時）

7月2日宣布旗下所有店6月的營業額，由於未達市場的期待，3日跳空開低，跌破了25日線。9日雖然有期待收盤後公布財報而湧入的買盤，但依舊受到5日線的牽制，留下一條長長的上影線。

9日收盤後提出向上修正，但是和分析師的預測值相去無幾，所以已經反應在股價裡的可能性很大。不過，由於是從高點的橫向盤整下跌，進入調整階段，很難預測對第二天的股價波動會帶來什麼樣的影響。

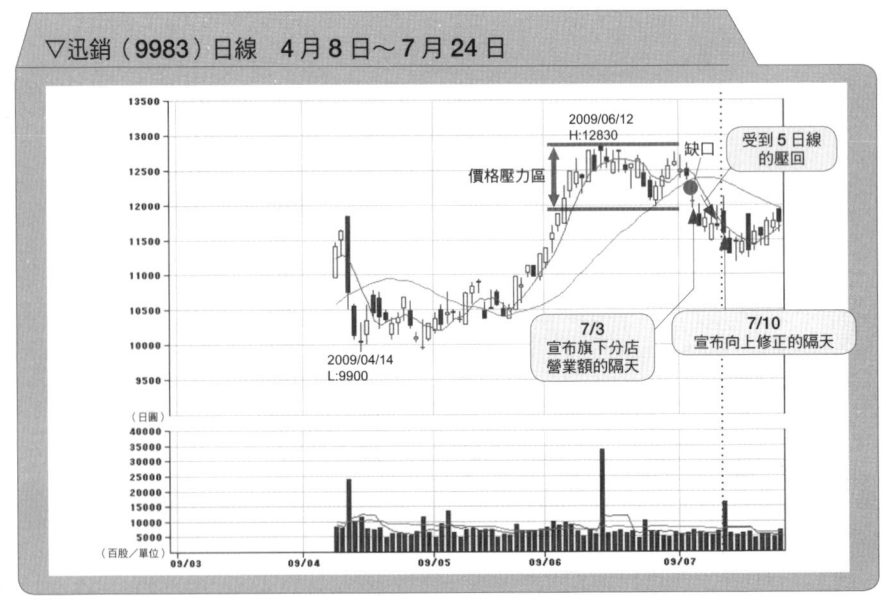

▽迅銷（9983）日線　4月8日～7月24日

PART **6** 線圖與消息一起研判,穩賺!

> **當天的進攻方法** 從橫向盤整中瞄準,碰到 5 日線是好時機。

以跳空開高,跨過 5 日線的走勢開盤。然後馬上跌到 1 萬 1700 圓,正下方是暫定 5 日線的 1 萬 1720 圓,不妨瞄準碰到 5 日線的時機買進。隨後就會反彈,恢復到 1 萬 2000 圓大關。

1 萬 2000 圓的上方是價格壓力區,所以股價會被賣壓壓下來。

不過,因為財報沒有糟到會跌破 1 萬 1480 圓的近期低點,也可以等到 10 點過後,跌到這個價位附近再買進。下半場會在暫定 5 日線的 1 萬 1720 圓上下橫向盤整,請在收盤時賣出。

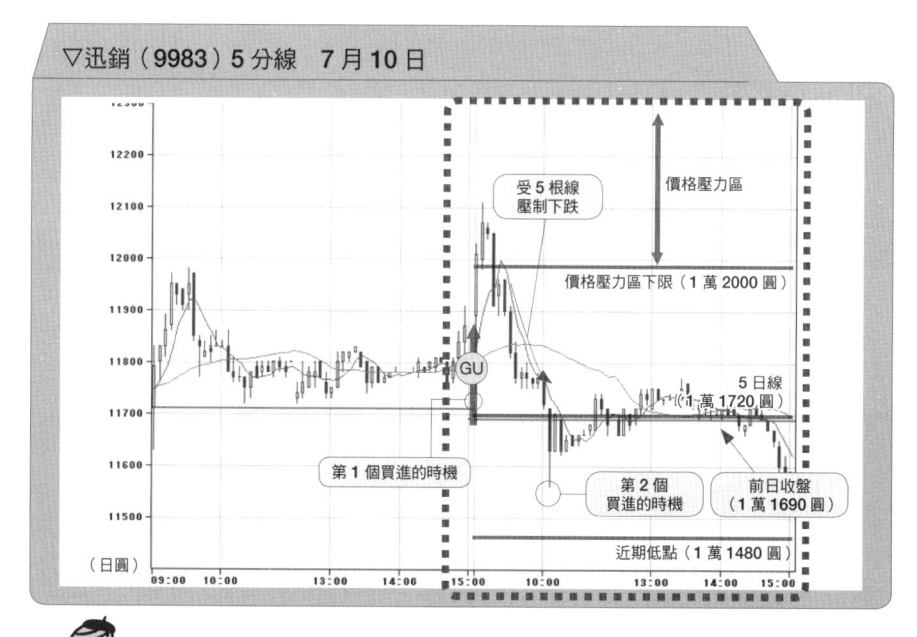

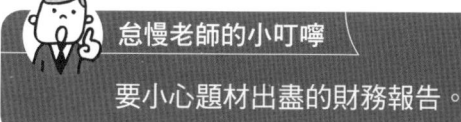

▽迅銷(9983)5 分線　7 月 10 日

- 受 5 根線壓制下跌
- 價格壓力區
- 價格壓力區下限(1 萬 2000 圓)
- 5 日線(1 萬 1720 圓)
- GU
- 第 1 個買進的時機
- 第 2 個買進的時機
- 前日收盤(1 萬 1690 圓)
- 近期低點(1 萬 1480 圓)

> **怠慢老師的小叮嚀**
> 要小心題材出盡的財務報告。

A22 股價突破橫向盤整價格，也得有買氣才跟進

> **截至前一天的股價波動**　墊高低點的上升趨勢。
> （7月27日終場收盤時）

在強勢突破25日線後，攻進1600圓前後的價格壓力區，邊橫向盤整邊緩慢上漲時，個股公布了財報。

27日公布的財報雖然向下修正，240億圓的營業淨利卻遠遠高出分析師預測的130億圓。

思考第二天的股價波動時，向下修正這個題材無疑已經利空出盡了。但向下修正的幅度比市場預測的還要小，這算不算是個驚喜，令人難以判斷。

▽日立建機（6305）日線　4月28日～8月10日

PART 6　線圖與消息一起研判，穩賺！

> **當天的進攻方法**　確定買方強勢即可買進。

　　開盤稍微跳空上漲。不確定業績預測已經反應多少，若在這時出手，根本是賭博行為。市場上多空交錯，所以瞬間有買盤也有賣盤。然而，隨後由作空者佔上風，跌破前一天的收盤價1613圓，9點半左右更跌到1600圓。不過，由於再往下的1595圓就是5日線，所以1600圓會變成底部，從那裡開始反彈。

　　這一瞬間與當股價突破25根線及前一天收盤價的1615～1620圓便是買進的時機。之後買氣回籠，收在1649圓。

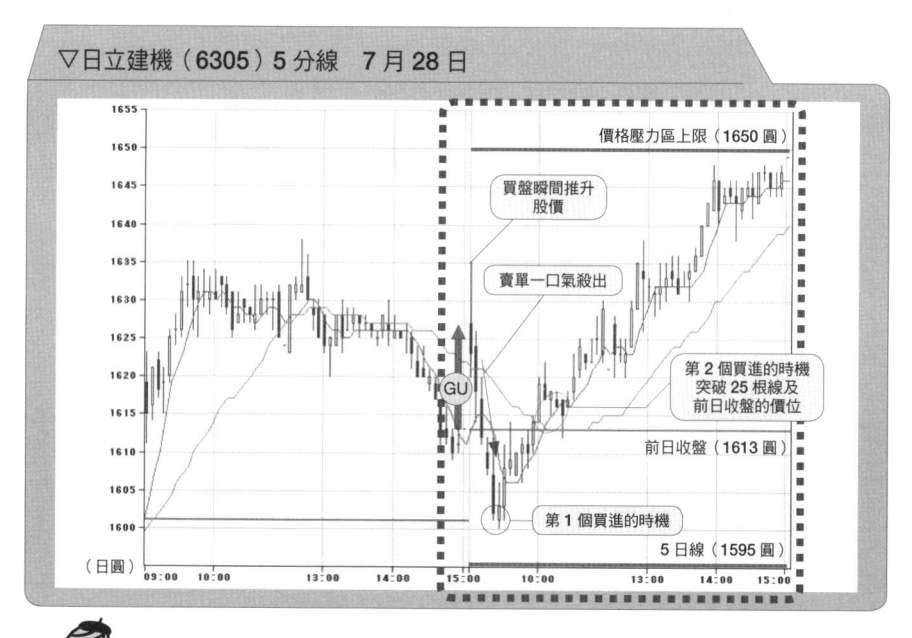

▽日立建機（6305）5分線　7月28日

- 價格壓力區上限（1650圓）
- 買盤瞬間推升股價
- 賣單一口氣殺出
- 第2個買進的時機　突破25根線及前日收盤的價位
- 前日收盤（1613圓）
- 第1個買進的時機
- 5日線（1595圓）

> **怠慢老師的小叮嚀**
> 把財報的評價交給分析師，看清市場的判斷。

A23 現金增資將大幅稀釋股權，通常是利空消息

截至前一天的股價波動　因宣布現金增資而暴跌。
（6月29日終場收盤時）

　　從6月15日創下的高點滑落，23日碰到25日線，在多空交戰的時候宣布要現金增資。這次公布的現金增資規模很大，會大幅稀釋股權，被視為非常糟的利空題材。

　　公布隔天的29日以568圓的跌停價開盤，受到買盤推升，曾經站回600圓。但是前一天的收盤價為668圓，再加上增資的股數超出已經發行的股數20%。果然終場收盤時的價位為587圓。第二天，如果和日經平均指數一起跳空開高，就要準備賣空。

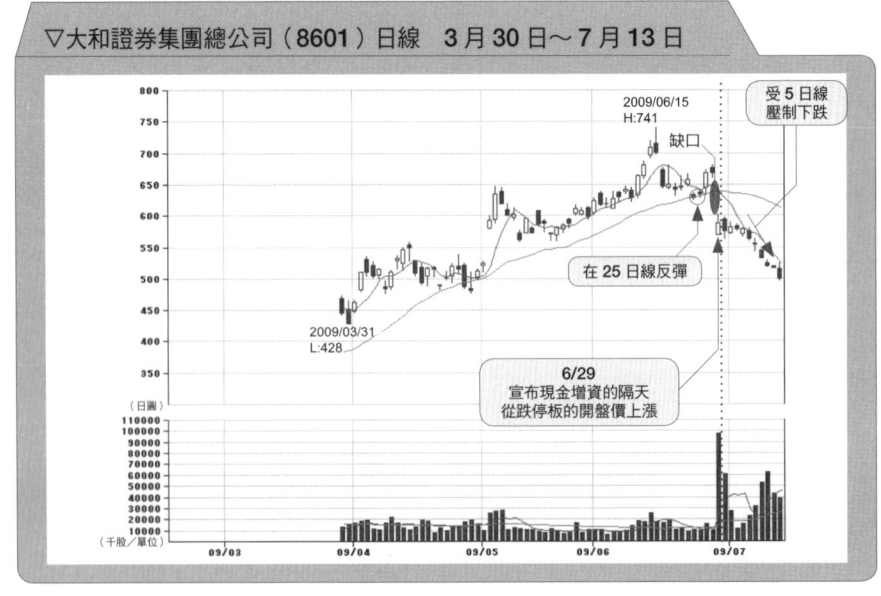

▽大和證券集團總公司（8601）日線　3月30日～7月13日

2009/06/15 H:741
缺口
受5日線壓制下跌
在25日線反彈
2009/03/31 L:428
6/29 宣布現金增資的隔天從跌停板的開盤價上漲

PART 6　線圖與消息一起研判，穩賺！

> **當天的進攻方法**　由於題材太差了，請有自信地賣空。

　　30 日開盤受到市場面看好的影響，以 594 圓開盤，比前一天的收盤價 587 圓跳空上漲了 7 圓。如上一頁所述，幾乎不可能追高到 600 圓以上，風險很小，所以不妨大膽地在開盤時賣空。高盛在 30 日的報告中宣布調降大和證券的評等，理由也是因為現金增資。上半場呈現一面倒，賣壓沉重到曾經一股跌破 568 圓的前日低點。到了下半場，買氣暫時回籠，一度收復 580 圓，其後又受到突擊，終場以 575 圓作收。

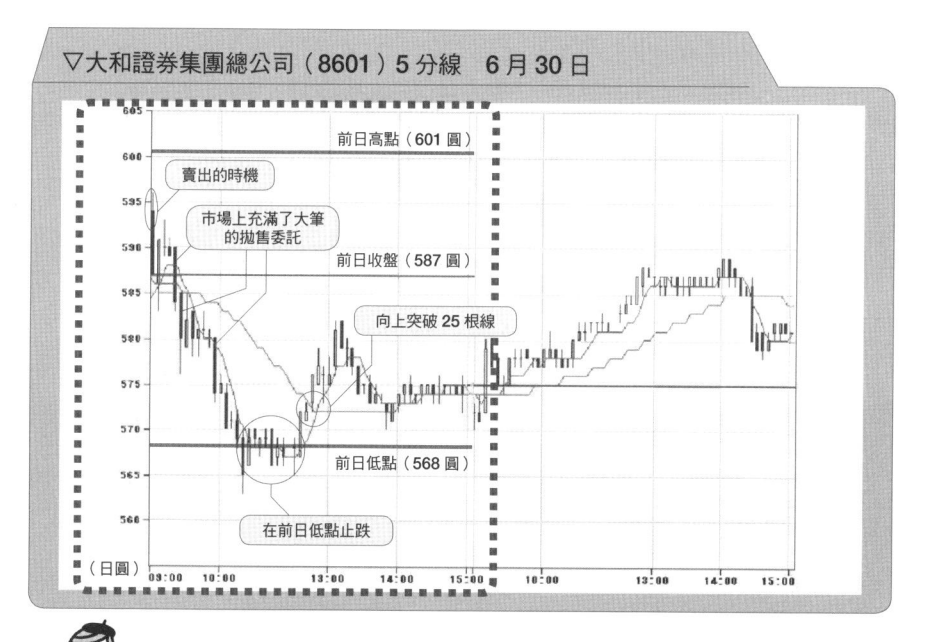

▽大和證券集團總公司（8601）5 分線　6 月 30 日

- 賣出的時機
- 市場上充滿了大筆的拋售委託
- 前日高點（601 圓）
- 前日收盤（587 圓）
- 向上突破 25 根線
- 前日低點（568 圓）
- 在前日低點止跌

> **怠慢老師的小叮嚀**
> 股價波動自公布題材的第三天以後便會恢復正常。

211

A24 仔細判讀增資理由，資金用於積極投資是利多

截至前一天的股價波動：下降趨勢中的現金增資。（7月13日終場收盤時）

提到 GS YUASA，就會想到是與環境有關的代表性電池類股。市場趨勢持續上漲，在 6 月 18 日創下 1228 圓的高點，結果變成天花板，從第二天開始拋售，7 月 13 日的收盤價為 715 圓。從高點下來，經過充分的調節後，公布現金增資。現金增資一般被視為利空題材，但因為股權的稀釋並不嚴重，再加上是積極的投資，廣受好評，再次成為注目焦點的可能性不可謂不大。

線圖 4～5 月中，一直在 700 圓前橫向盤整，是有力的壓力線。

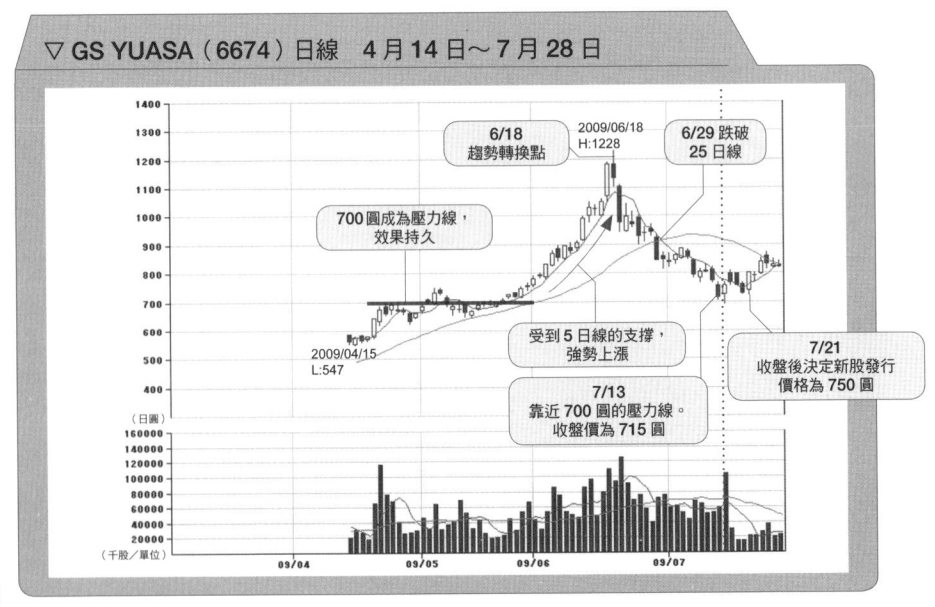

▽ GS YUASA（6674）日線　4月14日～7月28日

- 6/18 趨勢轉換點　2009/06/18 H:1228
- 6/29 跌破 25 日線
- 700 圓成為壓力線，效果持久
- 2009/04/15 L:547
- 受到 5 日線的支撐，強勢上漲
- 7/13 靠近 700 圓的壓力線。收盤價為 715 圓
- 7/21 收盤後決定新股發行價格為 750 圓

PART 6 線圖與消息一起研判，穩賺！

> **當天的進攻方法**：為積極的增資，股權的稀釋也不嚴重，於拋售結束時買進。

以微幅跳空上漲的價位開盤。宣布現金增資的第二天，通常都會跳空開低。果然市場認為這是積極的投資。

然而，投資人還是傾向於認為現金增資基本上屬於利空題材，所以開盤後的下一瞬間就開始拋售，一口氣跌破 700 圓，下探到 688 圓。等到空軍偃旗息鼓，賣單都被買方消化完畢後，便一口氣漲回前一天的收盤價。從被 25 根線壓著打的橫向盤整進行兩階段上漲，突破開盤後的高點 727 圓之後，繼續強勢上漲。

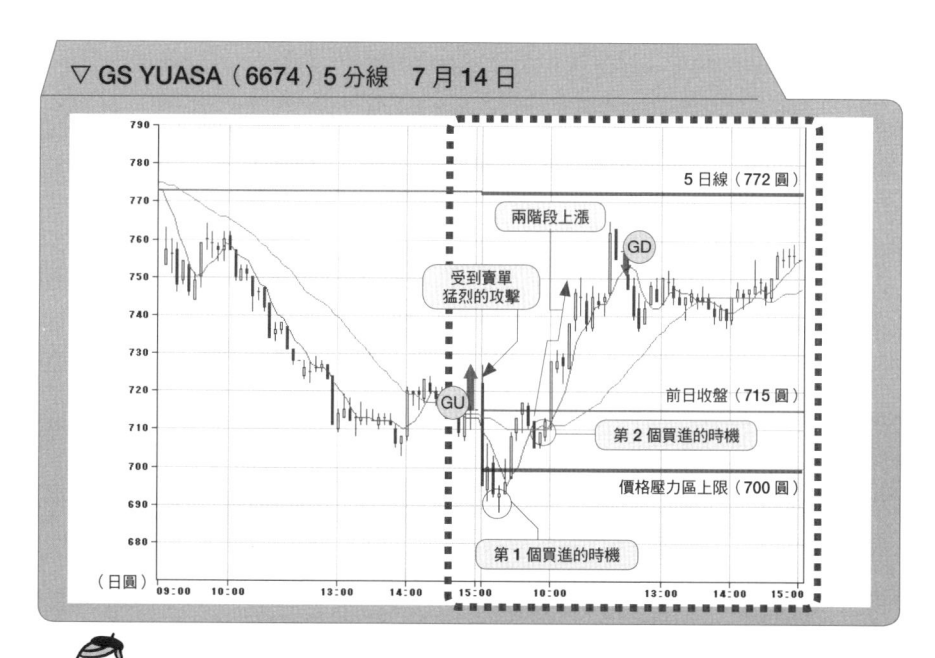

▽ GS YUASA（6674）5 分線　7 月 14 日

- 5 日線（772 圓）
- 兩階段上漲
- GD
- 受到賣單猛烈的攻擊
- GU
- 前日收盤（715 圓）
- 第 2 個買進的時機
- 價格壓力區上限（700 圓）
- 第 1 個買進的時機

> **怠慢老師的小叮嚀**
> 是利多題材或利空題材，依現金增資的內容而定。

A25 收購政策若造成資金困難，是利空而非利多

截至前一天的股價波動：上升趨勢還會持續。
（7月27日終場收盤時）

因為27日的早報報導而大幅跳空，從302圓的開盤價一路被買氣推升，創下314圓的高點。但是，6月中到7月初，已經在300圓到315圓間形成價格壓力區，之後受到賣單的擠壓，收在304圓，拉出長長的上影線。

第二天公布財報。財報內容的關鍵在於，正式發表了報導中的消息。即使宣布完全子公司化，但從報導的內容來看，身為母公司的日立製作所怎麼籌措到3000億圓的資金，也還是個問題，所以對於日立製作所來說，很難將其視為利多題材，這一點要特別注意。

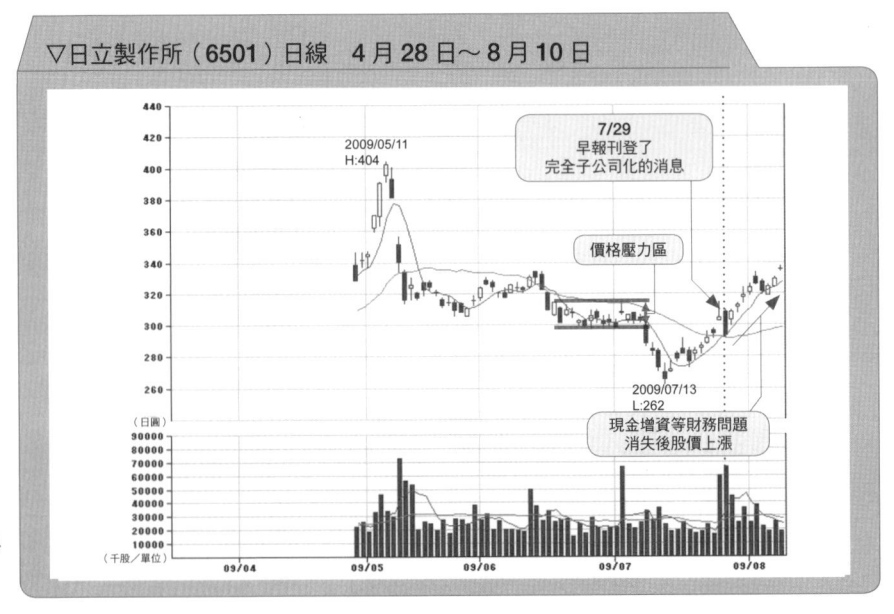

▽日立製作所（6501）日線　4月28日～8月10日

- 2009/05/11　H:404
- 7/29 早報刊登了完全子公司化的消息
- 價格壓力區
- 2009/07/13　L:262
- 現金增資等財務問題消失後股價上漲

PART 6　線圖與消息一起研判，穩賺！

當天的進攻方法：重新開始交易後賣空。

在下半場公布財報以前，股價始終按兵不動。自下午 1 點公布財報起的 30 分鐘內暫停交易。這是當交易期間中有重大發表或報導的時候，為了讓相關人士都能知道那些消息而設置的緩衝期。

重新開始交易後，從跳空下跌 2 圓的 303 圓一口氣跌到 295 圓。原因在於投資人不認為財報本身是利多題材，以及從董事長「打算從各方面籌措資金」的發言中，市場上充滿了利用現金增資來籌措資金的不安。碰到 25 日線，終場收在 293 圓，形成填補前一天跳空開高時留下的缺口。

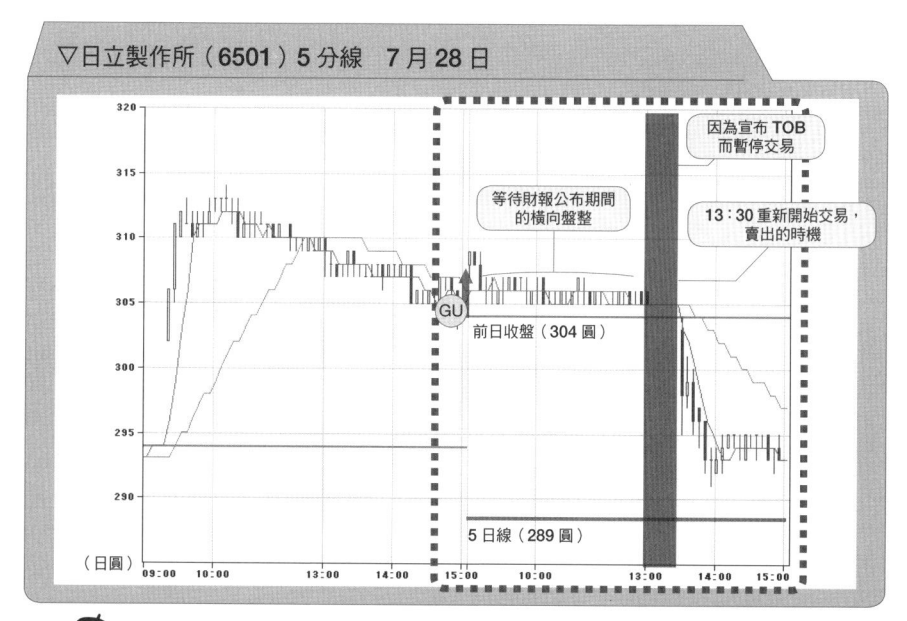

▽日立製作所（6501）5 分線　7 月 28 日

- 等待財報公布期間的橫向盤整
- 因為宣布 TOB 而暫停交易
- 13：30 重新開始交易，賣出的時機
- 前日收盤（304 圓）
- 5 日線（289 圓）

怠慢老師的小叮嚀

對於要 TOB 的公司而言，宣布 TOB 不一定是利多題材。

A26 個股被大公司公開收購，通常皆是利多消息

> **截至前一天的股價波動**　箱型整理會持續一段時間。
> （7月27日終場收盤時）

最近2個月左右，從1050圓到1250間一直處於箱型整理的狀態。TOB消息見報的27日，買盤從開盤前就不斷湧入，一路買到漲停板，終場以平均分配的方式收盤。

28日與母公司日立一起公布財務報告。在發表TOB的時候，當然也要揭示所謂的併購價格，通常都會訂得比公布時的股價還要迷人。雖然還無法確定宣布TOB時的利潤，萬一沒有正式宣布，就只會漲到27日的漲停板，所以股價下跌的風險也很大。

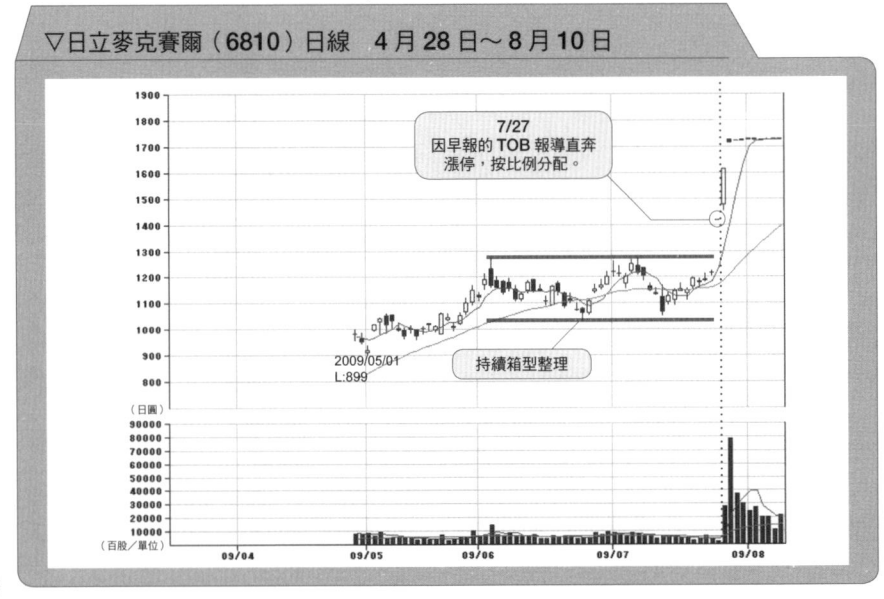

▽日立麥克賽爾（6810）日線　4月28日～8月10日

7/27
因早報的TOB報導直奔漲停，按比例分配。

持續箱型整理

PART 6　線圖與消息一起研判，穩賺！

當天的進攻方法　在正式宣布前買進。

上半場的開盤價為 1474 圓，比前一天多 60 圓。或許是覺得開盤價還很便宜，一口氣漲到 1500 圓。以 1500 圓的防線持續的攻防戰，隨著中午過後，公布財報的時刻逐漸逼近，股民感到愈來愈不安，10 點過後，受到賣壓影響，下半場一開盤就跌到 1450 圓附近。

下午 1 點公布財務報告，同時也正式宣布對包含日立麥克賽爾在內的 5 家子公司進行 TOB。日立麥克賽爾的 TOB 價格為 1740 圓，在下午停止交易期間湧入了大量的買單。重新開始交易後，依舊買氣高漲，鎖住漲停板，終場再度進行漲停板的平均分配。

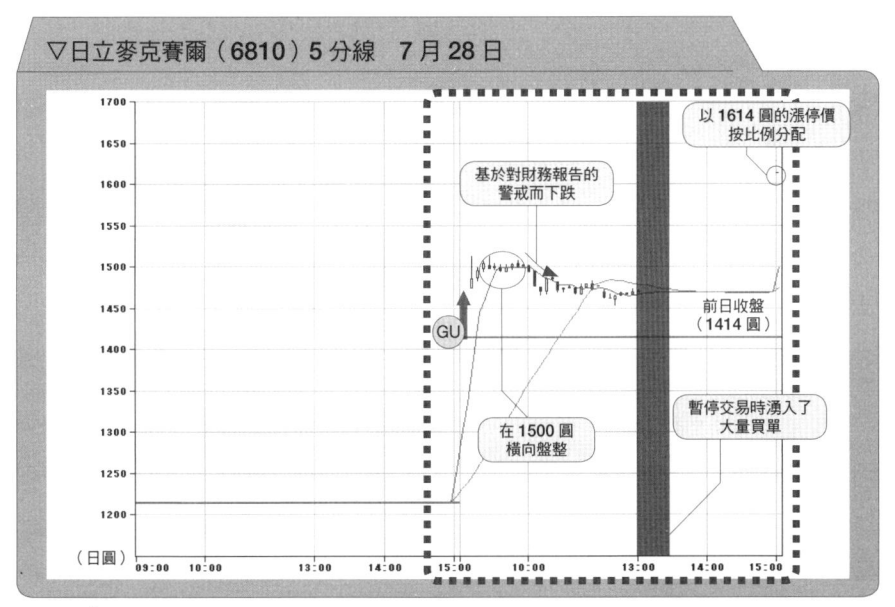

▽日立麥克賽爾（6810）5 分線　7 月 28 日

- 以 1614 圓的漲停價按比例分配
- 基於對財務報告的警戒而下跌
- 前日收盤（1414 圓）
- GU
- 在 1500 圓橫向盤整
- 暫停交易時湧入了大量買單

怠慢老師的小叮嚀

被 TOB 的一方當然是買進訊號。

A27 利多帶動股價向上跳空開高，也要當心蟄伏的賣單

截至前一天的股價波動：在持續處於上升趨勢的狀態下，宣布亮眼業績。（7月29日終場收盤時）

　　這張線圖顯示，在A5於7月8日破底的本田技研接下來的走勢。9日跳空開低，寫下2300圓的低點後，趨勢就反轉了。受到5日線的支撐，進入劇烈的上升趨勢，29日以2770圓的高點收盤，在幾乎填滿6月中所形成缺口的狀態下結束。

　　29日收盤後公布財務報告，財報比想像中亮眼。第二天似乎會從大幅度的跳空上漲開盤，但如果開盤的價位過高，等於是從2300圓的低點一口氣上漲，接下來的股價波動將變得難以預測。

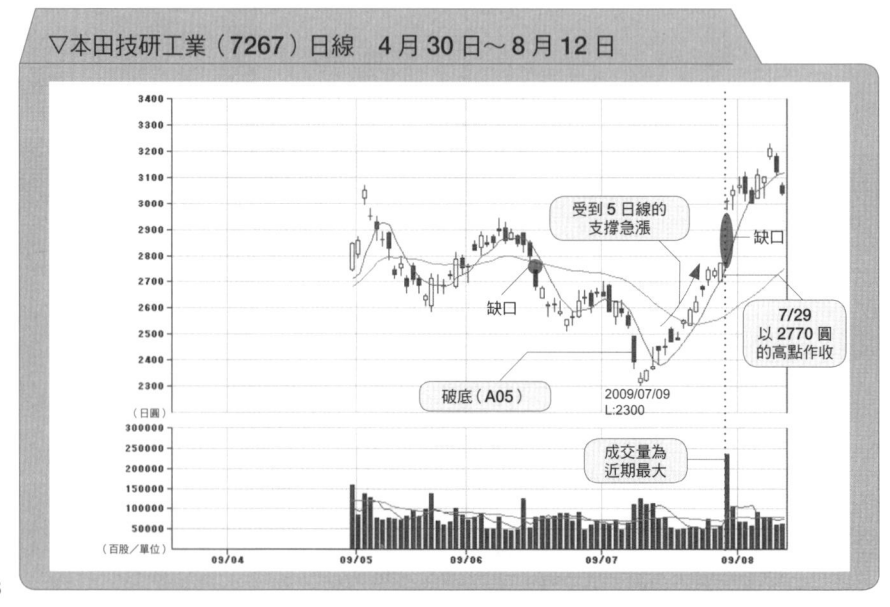

▽本田技研工業（7267）日線　4月30日～8月12日

PART 6　線圖與消息一起研判，穩賺！

> **當天的進攻方法**　開盤後，確定不再下跌後就買進。

　　從開盤前就湧入了大量的買單，開盤價為 3010 圓，比前一天的收盤價高出 240 圓。然而已經在高檔區，又是大幅跳空開高，再加上已經站上了 3000 圓的整數關卡，開盤後開始有層出不窮的賣單蠢蠢欲動。另一方面，只要稍微跌一點，就有支撐的買盤絡繹不絕地進場，暫時處於在低於 3000 圓的地方展開攻防戰的狀態。下午 2 點過後既沒有再突破 3000 圓，也沒有繼續追高。

　　這一天，雖然成交量創下近期新高，但股價還是在 3010〜3020 圓這個狹窄的區間遊走。

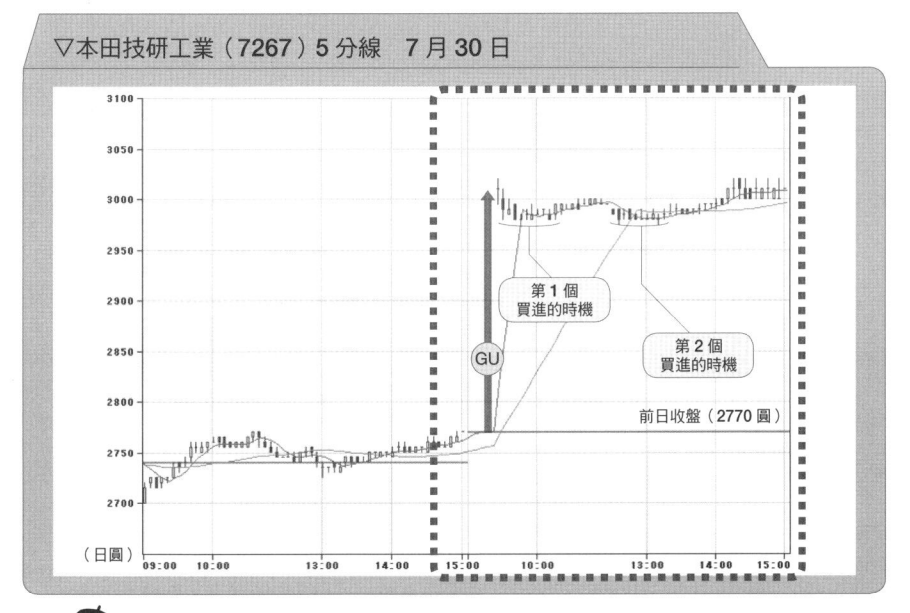

▽本田技研工業（7267）5 分線　7 月 30 日

（圖中標示：GU、第 1 個買進的時機、第 2 個買進的時機、前日收盤（2770 圓））

> **怠慢老師的小叮嚀**
> 任何人都知道的亮眼業績，很難從開盤就推動股價。

A28 同業財報有捷報，可以期待股價會跟著漲

截至前一天的股價波動：在持續橫向盤整的狀態下，得知汽車類股的亮眼業績。（7月29日終場收盤時）

　　自高點下跌後，6月下旬到7月上旬間在245圓一帶橫向盤整，形成價格壓力區。後來一口氣下跌，構成兩階段下跌之後稍微回穩。7月16日宣布與豐田技術合作，因此大幅跳空開高，但是依舊無法突破價格壓力區，在頂到天花板的地方留下大陰線。然而，之後並沒有填補缺口，又打回原形，繼續回到在價格壓力區裡橫向盤整。

　　在這種狀況下，本田技研與日產都宣布了亮眼的財報（29日）。對第二天公布財報的期待，可以設定會突破價格壓力區且大幅上漲。

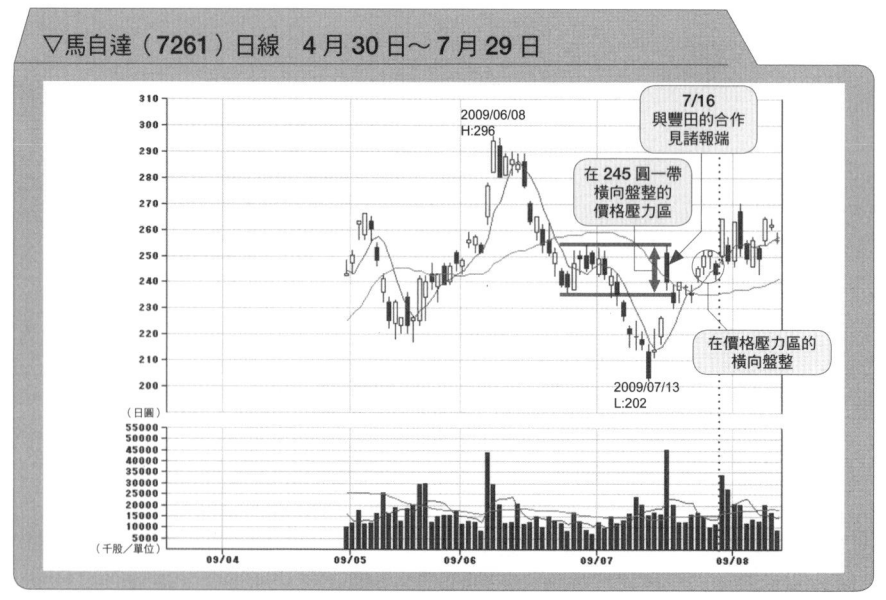

▽馬自達（7261）日線　4月30日～7月29日

PART 6 線圖與消息一起研判，穩賺！

> **當天的進攻方法** 找出壓回點，買進。

以 250 圓開盤，跳空上漲了 7 圓。然而，這時尚未完全突破價格壓力區，和前一天的高點 248 圓之間也還有缺口。然而，填補缺口後湧入大量的買單，在那之後一邊橫向盤整，一邊也開始有買盤挹注，突破價格壓力區上限的 254 圓後，一口氣上漲到 260 圓。

基於短期間內漲過頭的反作用力，一度遭到壓回，但是受到 25 根線的支撐，再度緩慢而確實地上漲，終場以 264 圓作收。

結果比起已經公布亮眼財報的本田，公布財報前夕的馬自達若從開盤的時候就買進，反而能得到更大的獲利。

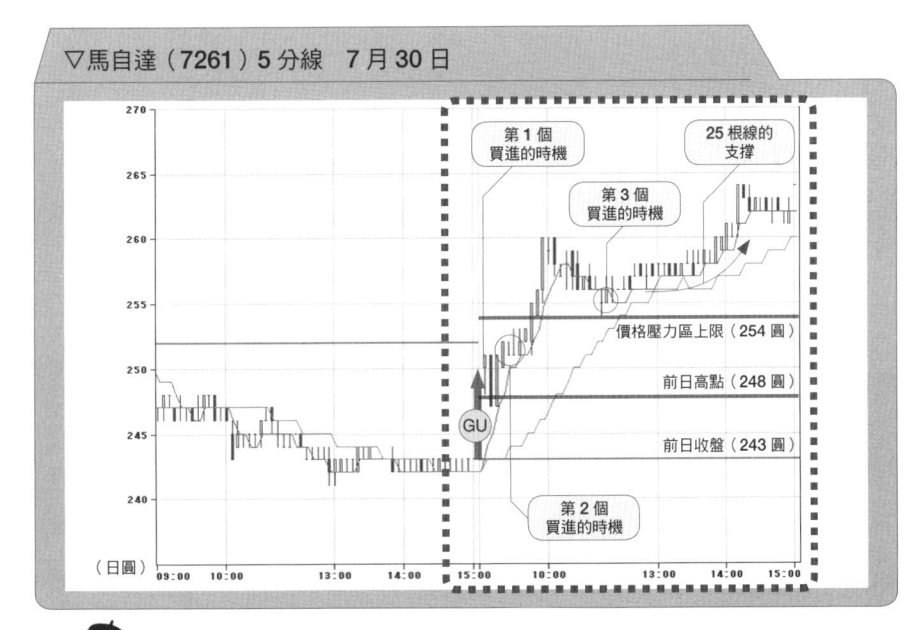

▽馬自達（7261）5 分線　7 月 30 日

- 第 1 個買進的時機
- 第 3 個買進的時機
- 25 根線的支撐
- 價格壓力區上限（254 圓）
- 前日高點（248 圓）
- 前日收盤（243 圓）
- 第 2 個買進的時機
- GU

> **怠慢老師的小叮嚀**
> 請善加利用同業種個股的財務報告。

A29 漲停沒突破前高又鎖不住，可以放空賺一筆

截至前一天的股價波動　在25日線前後橫向盤整中，公布亮眼財報。（8月3日終場收盤時）

6月下旬到7月上旬間一直在850圓上下進行攻防戰，受到市場面的影響，曾經一度大跌。然而股價馬上回穩，以25日線為防線，進行漫長的攻防戰，在4個營業日前的7月29日終於向上突破，再度在850圓附近的價格壓力區進行橫向盤整。

在這樣的狀況下，前一天8月3日收盤後，公布了向上修正的季報表。隔天4日的漲停板為942圓，但是即使漲成這樣，也無法突破6月中旬的高點區950圓。這時，或許是投資人賣空的好機會。

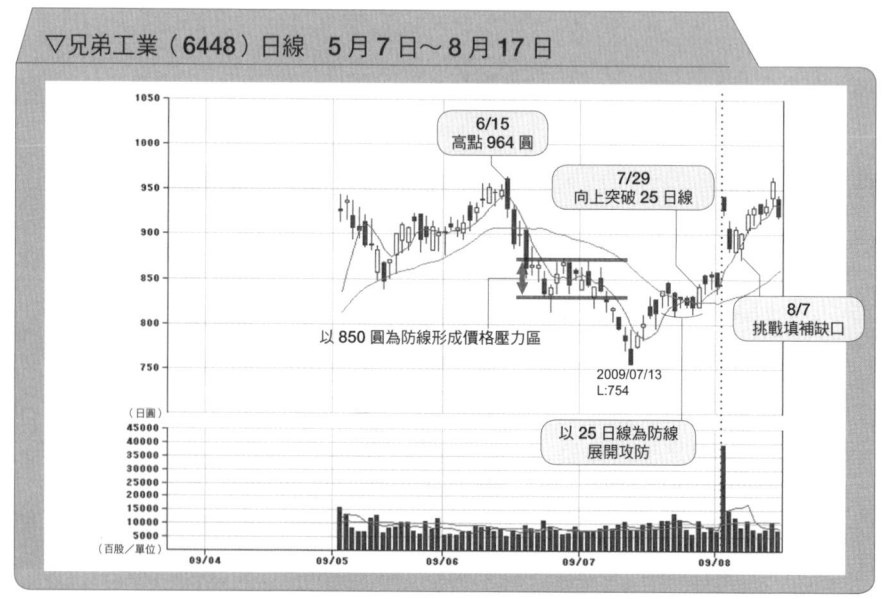

▽兄弟工業（6448）日線　5月7日～8月17日

- 6/15 高點964圓
- 7/29 向上突破25日線
- 以850圓為防線形成價格壓力區
- 2009/07/13 L:754
- 以25日線為防線展開攻防
- 8/7 挑戰填補缺口

PART **6** 線圖與消息一起研判,穩賺!

> **當天的進攻方法**:確定下半場沒有鎖住漲停,就賣空。

不管是在上半場的漲停板布空單,還是在那之後的 930 圓壓回點撿便宜,都需要相當大的勇氣。因為賣方必須與漲停鎖死、跑不掉的恐懼對抗,買方必須與從漲停附近的高點一口氣崩跌,蒙受巨大損失的恐懼對抗。

當上半場鎖不住 942 圓的漲停價,買賣雙方都展開一段驚心動魄的心路歷程。在下半場股價稍微回跌,感覺暫時鎖不住漲停的時候賣空最令人放心。至於買回或新的買單,不妨等到 25 根線迎頭趕上的時候再進場比較好。

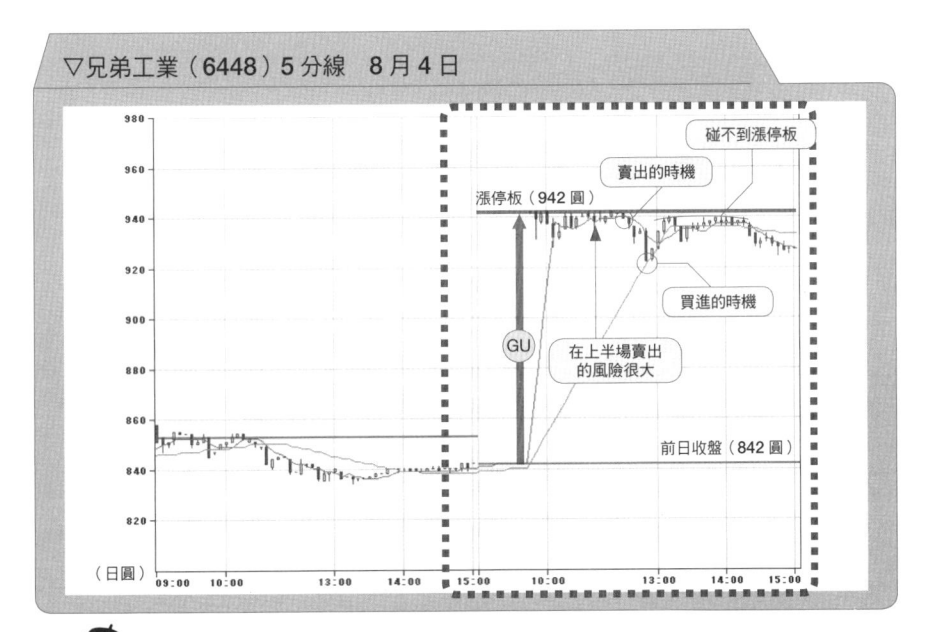

▽兄弟工業(6448)5 分線　8 月 4 日

（日圓）

- 碰不到漲停板
- 賣出的時機
- 漲停板(942 圓)
- 買進的時機
- GU
- 在上半場賣出的風險很大
- 前日收盤(842 圓)

> **怠慢老師的小叮嚀**
> 在漲跌停附近的逆勢操作,要趁鎖死的風險不大時進行。

223

A30 開在前日的跌停價，也要先觀察再出手放空

截至前一天的股價波動：在25日線前後橫向盤整中，公布亮眼財報。（8月6日終場收盤時）

股價持續在25日線下波動，7月27日向上穿過25日線，突破1000圓的整數大關，上漲到填滿6月中跳空的1030圓一帶的缺口後再次下跌。然而，8月6日受到25日線的壓力，大幅度反彈。對收盤後要公布財報的期待也是原因之一，但是公布的季報表內容幾乎可以確定今後向下修正無誤，所以肯定會跳空開低。

6日的收盤價為991圓，7日則為跌停價891圓。若是從跌停價開盤，就很難出手買進。不過，也要把5日的收盤價957圓列入考慮。

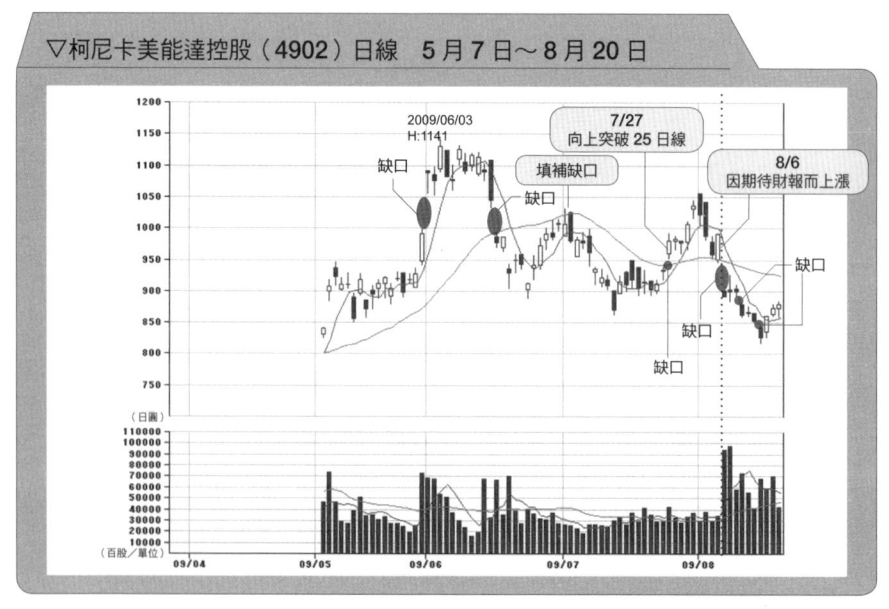

▽柯尼卡美能達控股（4902）日線　5月7日～8月20日

PART 6　線圖與消息一起研判，穩賺！

當天的進攻方法：開盤後馬上賣空。

以比跌停板多 10 圓的 901 圓開盤。只要距離跌停價還有 10 個最小升降單位，只要能在跌停前逃跑就好了，買起來會比較放心也說不定，但是因為再前一天 5 日的收盤價是 957 圓，很難想像會大大地反彈。相反地，考慮到一旦跌停可能會鎖死的可能性，最好先觀察一下開盤的情況，再進場賣空（需要勇氣）。

事實上，開盤後馬上就跌破 900 圓，然後一路下跌到 891 圓的跌停板。雖然重覆發生過好幾次跌停和反彈，但是考慮到股價波動疲弱，在這裡搶反彈的風險很高，非常不建議。最後果然跌停鎖死。

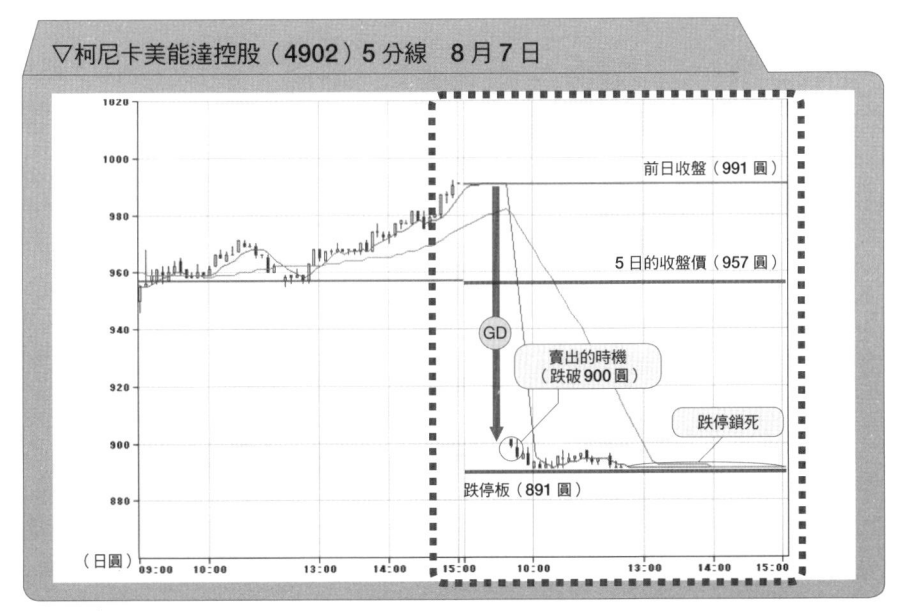

▽柯尼卡美能達控股（4902）5分線　8月7日

- 前日收盤（991圓）
- 5日的收盤價（957圓）
- GD
- 賣出的時機（跌破900圓）
- 跌停鎖死
- 跌停板（891圓）

怠慢老師的小叮嚀

請不要受制於與前一天收盤價的價差。

A31 股價兩階段下跌，反彈回先前地板價就是買點

截至前一天的股價波動：單方面的下降趨勢。（7月8日終場收盤時）

股價在5月底回升至1萬圓。然後受到5日線的支撐急漲，一口氣突破2萬圓的整數關卡。在2萬2000圓上下橫向盤整了好一陣子之後暴跌，這次在25日線附近也橫向盤整了好幾天。

然而，自從跌破25日線以後，就在5日線的壓力下暴跌，於7月8日創下1萬20圓的低點，隨時都有可能跌破1萬圓大關。

成交量雖然沒有增加，但是可以將2萬2000圓→1萬6000圓→1萬圓視為兩階段下跌的底部，最重要的是1萬圓這個整數關卡應該會成為壓力線，倘若第二天跌破1萬圓的話，就可以買進。

▽達文西控股（4314）日線　4月9日～7月23日

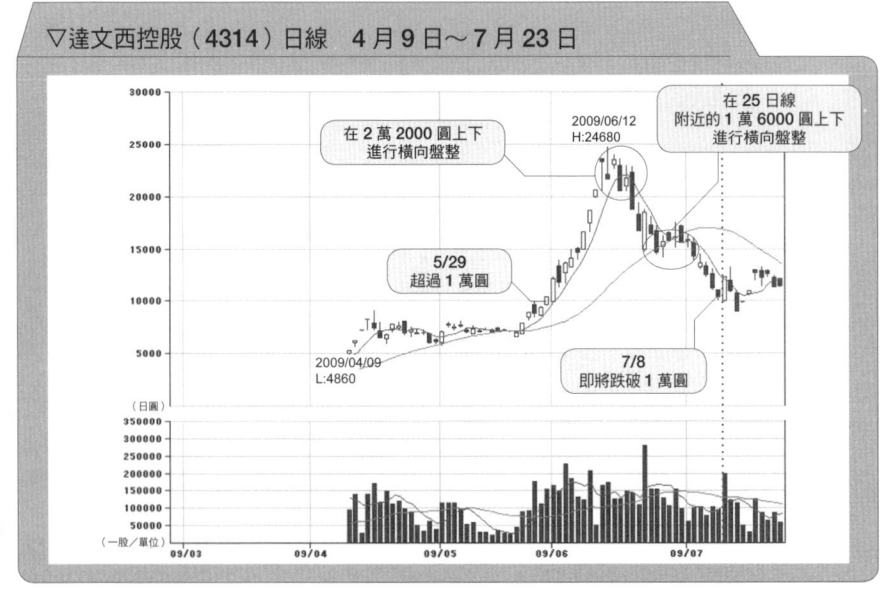

- 在2萬2000圓上下進行橫向盤整
- 2009/06/12 H:24680
- 在25日線附近的1萬6000圓上下進行橫向盤整
- 5/29 超過1萬圓
- 2009/04/09 L:4860
- 7/8 即將跌破1萬圓

PART 6 線圖與消息一起研判，穩賺！

當天的進攻方法：在跌破 1 萬圓大關的反彈之後立刻「買進」。

跳空開高，以剛剛好 1 萬圓開盤。然後馬上跌破 1 萬圓的整數關卡，但是在買盤進場推升股價之後，反而輕易地收復了前一天的收盤價 1 萬 330 圓。由於從高點腰斬到一半以下，經過一陣拋售。25 根線也在正下方，底下還有曾經跌破過一次的 1 萬圓整數關卡，因此在這裡的橫向盤整區買進會比較放心。

從 9 點半左右開始上漲，受到 5 根線的支撐，一口氣漲到 1 萬 2330 圓的漲停價。這時之所以會有賣壓湧現，下跌好幾次，是因為暫定 5 日線在 1 萬 1880 圓的地方形成了壓力線。

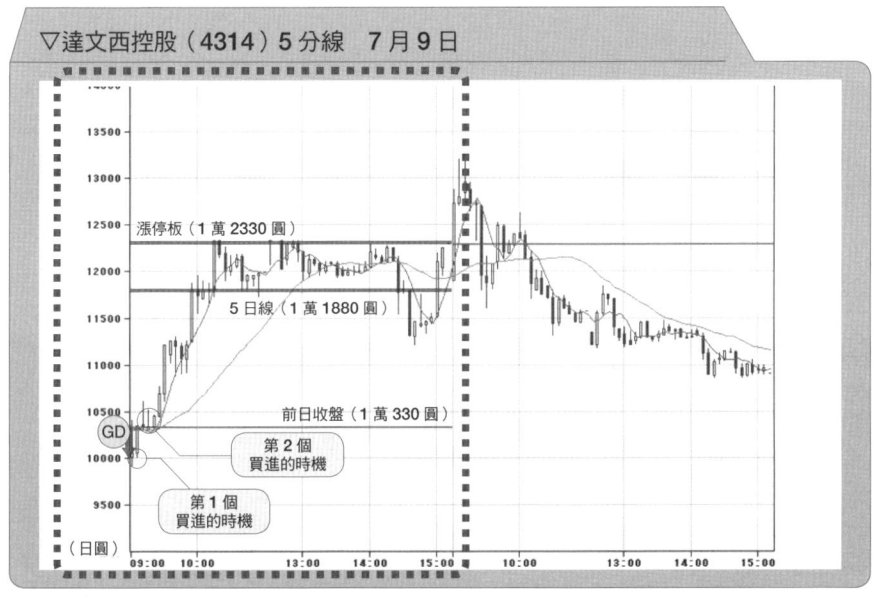

▽達文西控股（4314）5 分線　7 月 9 日

怠慢老師的小叮嚀

找出兩階段下跌的底部。

227

A32 高檔跳空開高可放空，股價回檔又盤整時該回補

截至前一天的股價波動：單方面的上升趨勢會持續。（8月3日終場收盤時）

31日的上半場收盤後，對業績預測進行向上修正，下半場買盤一度湧入，但是股價已經漲了一波，投資人感覺利多出盡，轉手賣出，留下長長的上影線。

第二個營業日，也就是3日，UBS證券宣布調升評等及目標價格，因此買氣回籠推升股價，再加上賣方買回，股價繼續上漲。

同月4日，紐約市場刷新年初以來的高點，整個日本市場以跳空上漲開盤。在一陣急漲的高檔區形成缺口，似乎有賣出的機會。

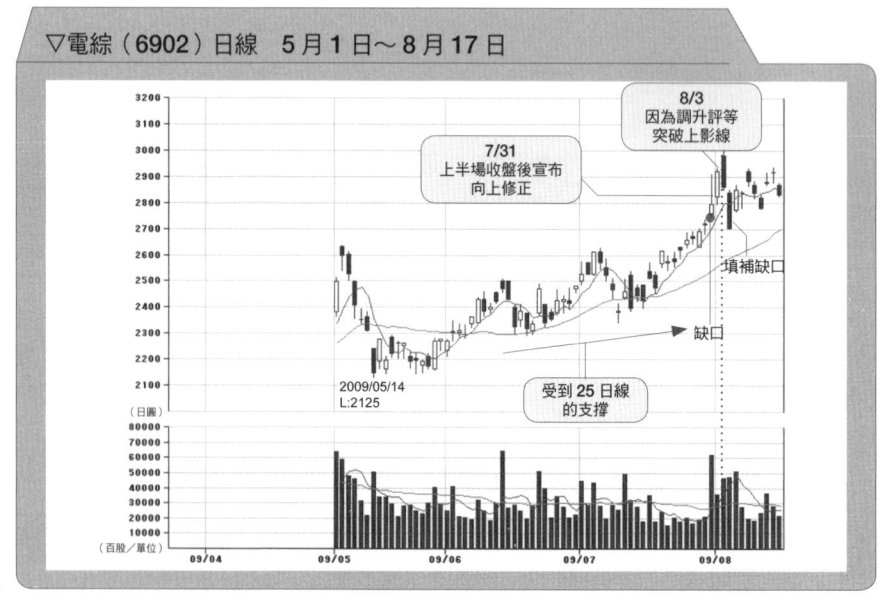

▽電綜（6902）日線　5月1日～8月17日

- 7/31 上半場收盤後宣布向上修正
- 8/3 因為調升評等突破上影線
- 2009/05/14 L:2125
- 填補缺口
- 缺口
- 受到25日線的支撐

PART 6　線圖與消息一起研判，穩賺！

> **當天的進攻方法**：預測會回跌，賣空。

　　跳空開高後，順利突破 3000 圓關卡，並在那裡橫向盤整一段時間。因為是在高檔區形成缺口的跳空開高，可以大膽地放空。

　　無法漲到 3000 圓以上，又開始下跌，但是受到 25 根 K 線的支撐，繼續在 2970 圓附近橫向盤整，這是絕佳的賣出良機。因為比起再次突破 3000 圓繼續上漲，填補正下方與前一天高檔區形成的缺口是更自然的趨勢。結果到了下半場，被套在上半場高點的人開始拋售，終場收盤價為 2860 圓，形成悲慘的「開盤即天花板」。

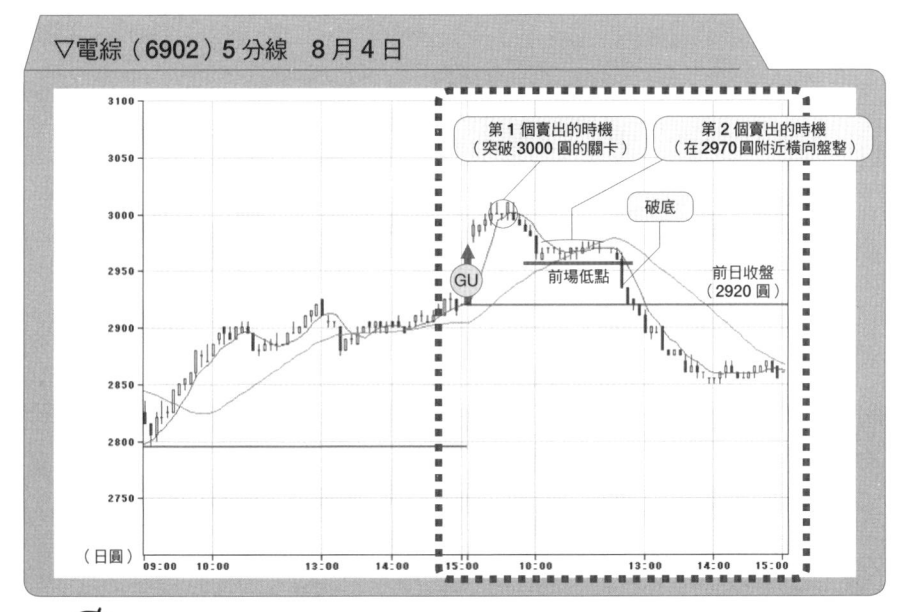

▽電綜（6902）5分線　8月4日

第1個賣出的時機（突破3000圓的關卡）
第2個賣出的時機（在2970圓附近橫向盤整）
破底
GU
前場低點
前日收盤（2920圓）

> **怠慢老師的小叮嚀**
> 當股價單向波動的時候，突破形成巨大缺口時即為買賣時機。

A33 股價向上跳空又續漲，買點在回檔後的反彈

> 截至前一天的**股價波動**：感覺力道比 GS YUASA 強勁。（7月22日終場收盤時）

與出現在 A24 的 GS YUASA 一樣，都描繪出上漲的線圖。這是因為投資人認為兩者都是電池相關類股，具有一定的股價連動性。6月18日創下高點後，就與 GS YUASA 一樣進入盤整，但和 GS YUASA 比起來，從高點滑落的幅度較小。

出現在7月14日與21日的強力陽線，與 GS YUASA 相同。不過，如同題目所示，GS YUASA 在前一天22日是下跌的，明電舍卻逆勢上漲，表示明電舍的力道明顯比較強勢。23日能否突破位於其正上方的25日線，是觀察重點之一。

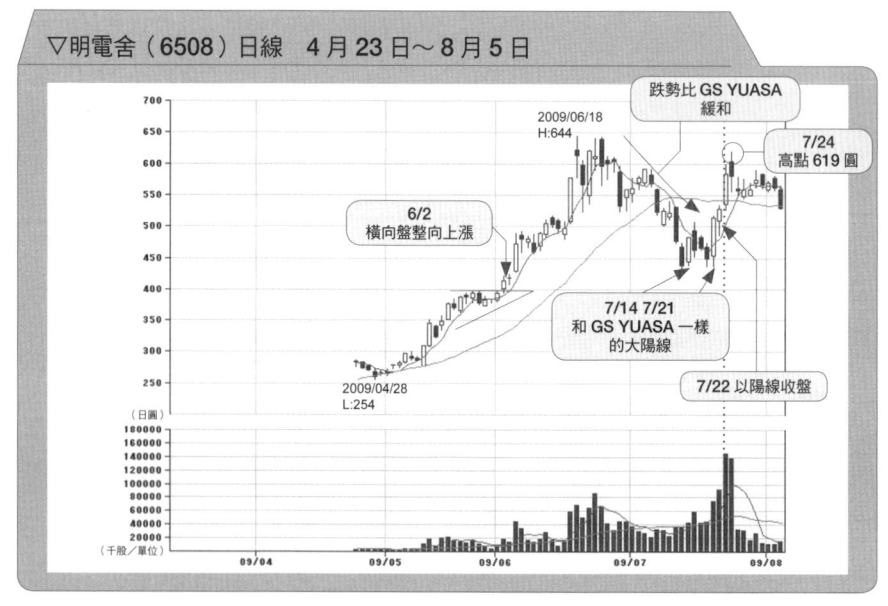

▽明電舍（6508）日線　4月23日～8月5日

- 2009/06/18 H:644
- 跌勢比 GS YUASA 緩和
- 7/24 高點 619 圓
- 6/2 橫向盤整向上漲
- 7/14 7/21 和 GS YUASA 一樣的大陽線
- 2009/04/28 L:254
- 7/22 以陽線收盤

PART **6** 線圖與消息一起研判，穩賺！

> **當天的進攻方法**：以順勢操作為前提，在壓回點買進。

跳空上漲的開盤價為 535 圓。開盤之後立刻出現賣出的大單，兩度壓回到前一天的收盤價 528 圓附近，但馬上反彈，站回 530 圓。突破 540 圓後，位於 542 圓的 25 日線完全沒有發揮壓力線的作用，比較容易出現賣單的 550 圓這個價格的壓力線，也順利的突破，且一口氣上漲到 560 圓。這兩條壓力線之所以完全沒發揮作用，這是因為有壓倒性的買壓導致的結果。

在 560 圓上下的橫向盤整也始終不見要下跌的態勢，於是買盤再度推升股價，完成兩階段上漲，下半場一度漲到 599 圓。

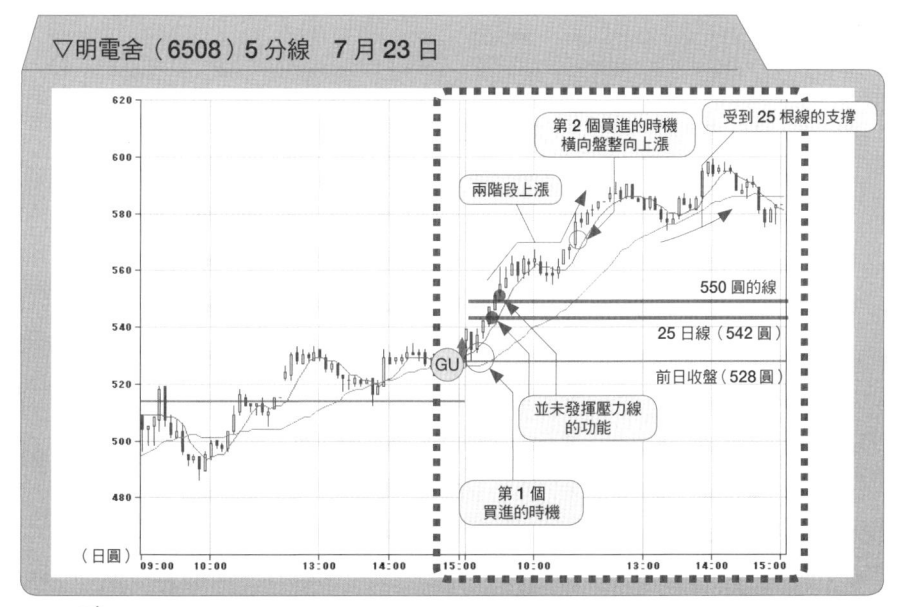

▽明電舍（6508）5 分線　7 月 23 日

- 第 2 個買進的時機：橫向盤整向上漲
- 受到 25 根線的支撐
- 兩階段上漲
- 550 圓的線
- 25 日線（542 圓）
- 前日收盤（528 圓）
- GU
- 並未發揮壓力線的功能
- 第 1 個買進的時機

> **怠慢老師的小叮嚀**
>
> 搞清楚名為軋空的股價波動。

A34 個股適逢題材發酵上漲，股價突破盤整就能買

截至前一天的股價波動　豬流感在墨西哥流行以後，長期橫向盤整。（8月18日終場收盤時）

　　4月下旬，豬的流感疫情在墨西哥擴大，導致與流感疫苗有關的類股急漲一波。從150圓上方的橫向盤整一度下跌時，由於5月16日出現3起第一次發生在日本的新型流感病例，股價再次波動，自5月25日跳空下跌後，就一直在150圓附近橫向盤整。

　　到了夏天，因為層出不窮的流感傳染，買氣再度回溫，8月17日留下跳空上漲的陰線。18日也以跳空上漲開盤，描繪出強而有力的陽線，在這段上漲期間，大量的空單都收手了。

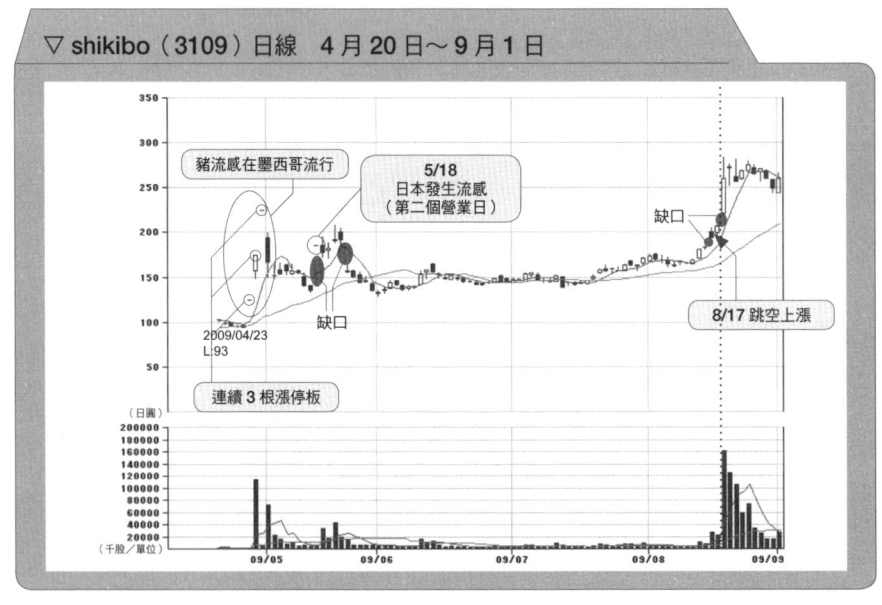

▽shikibo（3109）日線　4月20日～9月1日

- 豬流感在墨西哥流行
- 5/18 日本發生流感（第二個營業日）
- 缺口
- 2009/04/23 L 93
- 缺口
- 連續3根漲停板
- 8/17跳空上漲

PART 6 線圖與消息一起研判，穩賺！

當天的進攻方法：以依循趨勢順勢操作為前提，在壓回點買進。

開盤即大幅跳空上漲，比前一天多 14 圓，從 221 圓開始。一度漲到 219 圓，然後以 220～225 圓為中心，橫向盤整了 30 分鐘左右，這是唯一一次橫向盤整。9 點半過後再度壓回到 220 圓，只要沒有再跌破 220 圓，這次就可以買進。

下半場以 241 圓的價位跳空開高。在已經有人賣空，資券比相當低的狀況下，下半場以跳空上漲開出，這完全是軋空的行情。一口氣衝到 280 圓，但未能攻克 287 圓的漲停價，終場以 260 圓作收。

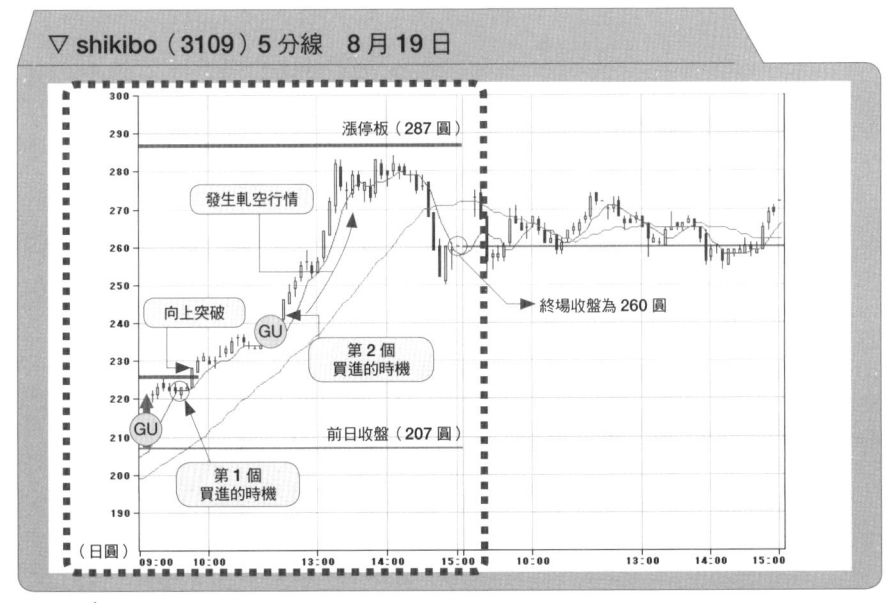

▽ shikibo（3109）5 分線　8 月 19 日

圖表標示：
- 漲停板（287 圓）
- 發生軋空行情
- 向上突破
- GU
- 第 2 個買進的時機
- 終場收盤為 260 圓
- 前日收盤（207 圓）
- GU
- 第 1 個買進的時機

怠慢老師的小叮嚀：不要與正符合市場趨勢的個股對做。

A35 有利空消息股價卻暴衝，隔日若開高可以放空

截至前一天的股價波動：前一天在終場收盤前暴衝。（8月13日終場收盤前）

基本上，股價持續在 2000 圓到 2200 圓間波動，到了 8 月，股價上漲，開始對 2300 圓進行叩關。

然而，8 月 12 日的上半場結束後，在中午休息時間發表了財務預測的向下修正，一時跌破 2000 圓，留下下影線，股價也回到 25 日線附近。13 日的股價幾乎都在 2100 圓一帶波動，快收盤時突然暴衝。

收盤後終於知道理由為何。因為與業績無關，14 日大概會以大幅跳空下跌開盤，如果開盤遠比 2100 圓還高，便是賣空的時機。

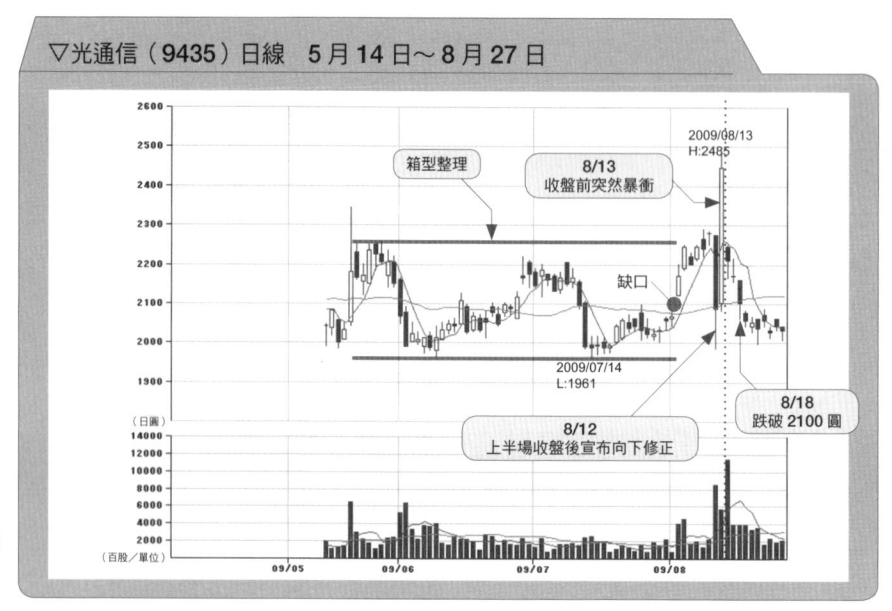

▽光通信（9435）日線　5月14日～8月27日

PART 6 線圖與消息一起研判，穩賺！

| 當天的進攻方法 | 因為開高所以要賣空。 |

　　前一天 13 日在 2100 圓橫向盤整了好久。終場收盤前的暴衝，是因為基金解約所導致的對沖交易，那只是一種剎那間的供需關係。因此從常識來想，開盤應該會跌到 2100 圓一帶，但事實可就不一定了。因為肯定會出現賣空的買回，也不確定題材，看到賣壓沉重，就進場買進搶反彈的人。結果是以向下修正前的橫向盤整附近的 2245 圓開盤，撐不住沉重的賣壓，隨即便重重地跌破 2200 圓。

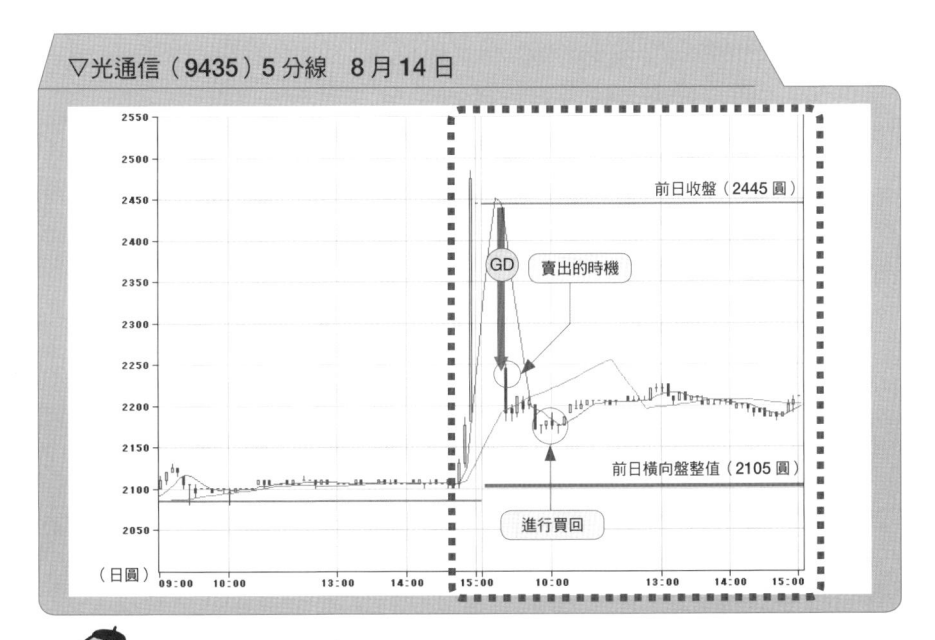

▽光通信（9435）5 分線　8 月 14 日

前日收盤（2445 圓）
GD　賣出的時機
前日橫向盤整值（2105 圓）
進行買回
（日圓）

| 怠慢老師的小叮嚀 | 即使因為什麼誤會而上漲，股價有時也不會馬上回到原來的價位。

A36 碰上嚴重的利空消息，就放膽放空不必擔心

> **截至前一天的股價波動**　受到不動產類股大熱的支撐，上漲中出了大事。（9月10日終場收盤時）

從7月後半起一直在90圓的關卡前橫向盤整，8月3日突破90圓的壓力線與25日線以後，隨即進攻100圓的整數關卡。受到不動產類股大熱門的影響，股價緩慢而確實地上升，9月10日跳空開高，留下力道強勁的陽線後出了大事。

那就是10日收盤後宣布將發行MSCB，是糟糕透頂的題材。MSCB的轉換價格下限為60.5圓，可以想見今後最壞的情況是這個價位成為低點。開盤肯定會跳空下跌，所以不妨進場賣空。

▽長谷工公司（1808）日線　6月8日～9月29日

PART **6** 線圖與消息一起研判，穩賺！

> **當天的進攻方法**　可以從開盤就賣空。

　　開盤是非常大的跳空下跌，比前一天少了 15 圓，以 106 圓開場。這時已經比前一天跌超過 10%，若是普通的利空題材，可以搶止跌的反彈，但 MSCB 這種糟糕透頂的題材，沒有這麼簡單就沒事。

　　雖然在 25 日線持續抵抗了一陣子，但 10 點過後就力氣耗盡地跌破 25 日線，100 圓的整數關卡只意思意思地抵抗了一下，繼續向下破底。進入下半場後，依舊無力反彈，寫下 93 圓的低點，收盤價為 94 圓，比前一天少了 27 圓。

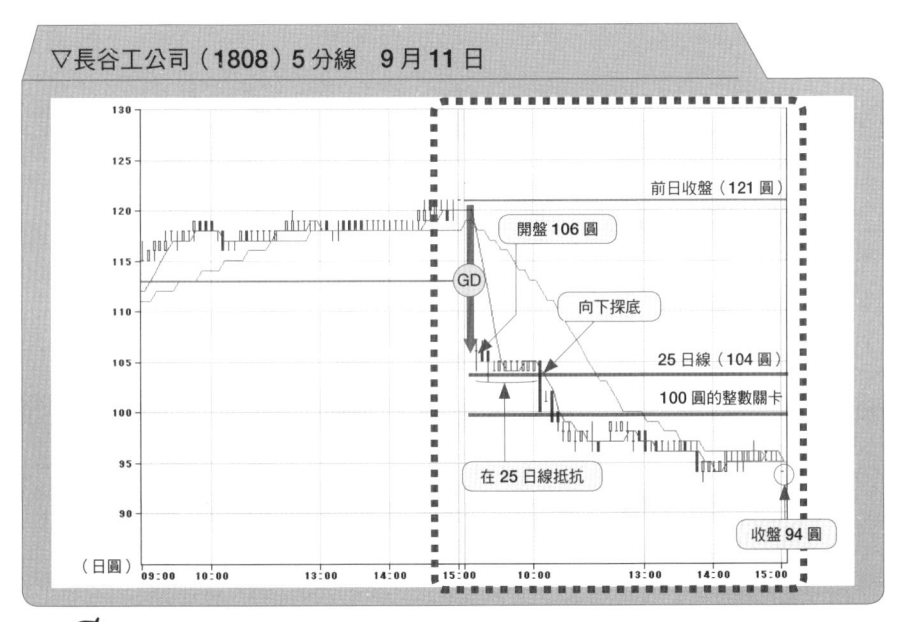

▽長谷工公司（1808）5 分線　9 月 11 日

（圖表）前日收盤（121 圓）／開盤 106 圓／GD／向下探底／25 日線（104 圓）／100 圓的整數關卡／在 25 日線抵抗／收盤 94 圓

> **怠慢老師的小叮嚀**
> 絕對不能「買進」發行 MSCB 的個股。

後記
歡迎你跨入當沖的獲利世界

「我再也不想寫書了⋯⋯」

在把第一次執筆，非常難產的上一本著作呈現在世人面前時，我是這麼想的。之後又過了三年的歲月，出版社希望我能撰寫新的作品。

在國中和高中的時候，我參加劍道社，練習時痛苦得不得了，但是完全不碰劍道以後，又會懷念起當時的痛苦，想活動一下筋骨。

大學時代，我就讀機械工程系，每天被製圖和實驗追著跑，熬過這些苦差事之後，那股痛快的成就感著實令人難以抗拒。只可惜不管是劍道還是製圖，我都沒有那方面的天分。

我之所以再度接下痛苦的執筆工作，是為了追求寫作時的壓力與寫完後的成就感。

從寫完這段結尾文章，到這本書正式問世以前，還有好多工作要做。當這本書出現在書店裡，出現在各位面前時，我大概正沉醉在成就感裡吧。

各位對這本書有什麼感想呢？我把三年前沒寫到的部分和三年前寫不出來的東西，全都塞進這本書裡。如果有人的評語是「等這本書好久了」，對於我而言，再也沒有比這個更令人開心的事了。我深深感謝能透過這本書與各位結緣。

後記　歡迎你跨入當沖的獲利世界

　　再次感謝從上一本書就支持我到現在的讀者，真的非常感謝你們。上一本書目前在比較大的書店還買得到，沒看過的人若有興趣，請務必找來看看。書寫的角度與本書有點不同，也有很多本書沒提到的部分，我想應該會有很多地方可做為參考。

　　在本書裡，跟上一本書一樣，充滿了我透過股票交易得到的發現，但願能對各位往後的人生有所啟發。

　　雖然還有很多話想說，但是就寫到這裡停筆。

　　真的非常感謝各位的耐心。

國家圖書館出版品預行編目(CIP)資料

108 張圖學會 K 線分析賺當沖：補教老師公開 3 年賺一億的實戰日記！／
相良文昭著；賴惠鈴譯. -- 第四版. -- 新北市：大樂文化有限公司，2025.03
240 面；17×23 公分. (優渥叢書Money；082)
譯自：世界一わかりやすい！株価チャート実践帳 デイトレード編

ISBN 978-626-7422-61-8（平裝）
1. 股票投資 2. 投資技術 3. 投資分析
563.53   113015507

Money 082

108 張圖學會 K 線分析賺當沖（暢銷限定版）

補教老師公開 3 年賺一億的實戰日記！

（原書名：補教老師的當沖日記，我用K線 3 年賺一億）

作　　　者／相良文昭
譯　　　者／賴惠鈴
封面設計／蕭壽佳、蔡育涵
內頁排版／楊思思
責任編輯／費歐娜
主　　　編／皮海屏
發行專員／張紜蓁
財務經理／陳碧蘭
發行經理／高世權
總編輯、總經理／蔡連壽

出 版 者／大樂文化有限公司
　　　　　地址：220新北市板橋區文化路一段268號18樓之一
　　　　　電話：（02）2258-3656
　　　　　傳真：（02）2258-3660
　　　　　詢問購書相關資訊請洽：2258-3656
　　　　　郵政劃撥帳號／50211045　戶名：大樂文化有限公司

香港發行／豐達出版發行有限公司
地址：香港柴灣永泰道 70 號柴灣工業城 2 期 1805 室
電話：852-2172 6513 傳真：852-2172 4555

法律顧問／第一國際法律事務所余淑杏律師
印　　　刷／韋懋實業有限公司

出版日期／2018 年 02 月　第一版
　　　　　2025 年 03 月 31 日　第四版
定　　　價／320元（缺頁或損毀的書，請寄回更換）
I S B N／978-626-7422-61-8

版權所有，侵害必究 All rights reserved.
SEKAIICHI WAKARIYASUI! KABUKA CHART JISSENCHO DAY TRADE HEN © FUMIAKI SAGARA 2009
Originally published in Japan by ASA PUBLISHING CO., LTD.
Chinese translation rights arranged through TOHAN CORPORATION, TOKYO. and KEIO CULTURAL ENTERPRISE CO., LTD.
Traditional Chinese translation copyright © 2025 by Delphi Publishing Co., Ltd.